·海南省哲学社会科学规划课题"海南视觉形象构建中地域元素的运用研究"研究成果

[项目编号：HNSK(YB)16-140]

·海南省中国文学研究中心、海南大学人文传播学院资助出版

U0747679

城市品牌

视觉形象设计：

海南地域元素运用研究

张睿◎著

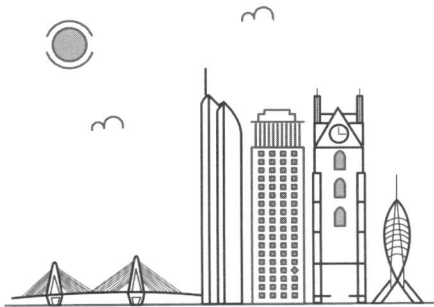

中国纺织出版社有限公司

内 容 提 要

本书以城市品牌视觉形象的原理、构成及设计为重点，探讨地域元素在其中的作用和应用。书中结合海南省及各市、县视觉形象设计中地域元素的运用进行分析，旨在使海南省各城市品牌的视觉形象语言承载更具内涵的地域文化信息，传达海南独特的本土文化特征及时代烙印，从而更好地设计和传播海南省各城市品牌形象，助力海南自由贸易港的建设。

本书图文并茂，内容翔实，案例丰富，针对性强，具有较高的学术和研究价值，不仅适合高等院校广告、品牌、视觉传达及传播等专业师生学习，也可供相关的从业人员、研究者参考使用。

图书在版编目（ＣＩＰ）数据

城市品牌视觉形象设计：海南地域元素运用研究 / 张睿著 . -- 北京：中国纺织出版社有限公司，2022.9
ISBN 978-7-5180-9623-7

Ⅰ. ①城… Ⅱ. ①张… Ⅲ. ①城市管理 — 品牌战略 — 研究 — 海南 Ⅳ. ①F299.276.6

中国版本图书馆 CIP 数据核字（2022）第 108801 号

Chengshi Pinpai Shijuexingxiang Sheji: Hainan Diyuyuansu Yunyong Yanjiu

---

责任编辑：李春奕 施 琦 责任校对：楼旭红
责任印制：王艳丽

中国纺织出版社有限公司出版发行
地址：北京市朝阳区百子湾东里 A407 号楼 邮政编码：100124
销售电话：010—67004422 传真：010—87155801
http://www.c-textilep.com
中国纺织出版社天猫旗舰店
官方微博 http://weibo.com/2119887771
唐山玺诚印务有限公司印刷 各地新华书店经销
2022 年 9 月第 1 版第 1 次印刷
开本：710×1000 1/16 印张：15.5
字数：202 千字 定价：69.80 元

凡购本书，如有缺页、倒页、脱页，由本社图书营销中心调换

前言

　　城市品牌是一个城市能否立足于当代城市竞争大潮中的重要因素，是一个城市综合竞争力、城市实力，甚至提升城市国际影响力的重要手段。随着自由贸易港建设的推进，海南未来将在全国甚至全球都是一个备受瞩目的中心，它还是"一带一路"倡议的重要战略支点和泛南海经济合作的中心枢纽。因此，设计积极和富有吸引力的城市品牌视觉形象能助力海南吸引全球游客和投资者，促进其全面快速发展，还能增强海南人民的自信力和自豪感。

　　城市品牌视觉形象的构建要具有独特的文化特色和内涵，才能取得好的传播效果，这就需要海南视觉形象的视觉语言符号表现与本土地域文化及地方生态的相融合，本书用跨学科的理论视域，以艺术设计学作为桥梁，沟通传播学、美学、经济学和文化研究等学科领域，通过交叉学科来进行研究，并将理论研究与应用实践相结合。本书的内容主要是城市品牌视觉形象的原理、定位、构成、特点、设计、构建方式及地域元素的运用等，分析海南代表性地域元素及特征，探讨这些地域元素在当前海南省及省内各市、县形象构建和传播方面的应用等。旨在使海南城市品牌的视觉形象语言承载相对丰富稳定的地域文化信息，更好地构建和传播海南品牌形象，传达海南独特的本土文化特征及时代烙印，讲好海南故事，讲好中国故事。

　　本书在调研过程中得到海南省委宣传部及各市、县宣传部门的大力支持，提供了相关的品牌建设方面的资料，并同意在本书上做学术研究使用，不胜感激。本书在撰写过程中，力求做到内容的学术性、创新性、丰富性、时效性及应用性等。但由于新冠肺炎疫情的影响，本书的出版周期较长，书中海南省及省内各市、县的品牌建设有些部分已更新，但遗憾的是本书无法作相应更改。本书借鉴了一些专家和学者的观点及论著，在此向他们表示真挚的感谢。在前期的调研和资料收集过程中，得到我的学生田晓雪、胡杰、吴翠霞、印悦、张萌、凌梦怡等人的帮助，也向他们表示真挚的感谢。鉴于研究内容理论涉及的学术范畴，以及调研案例的多样性和时效性，加之作者写作学识、水平有限，书中难免会有不妥和不足之处，敬请广大专家和学者批评指正，不胜感激！

作者

2022年3月

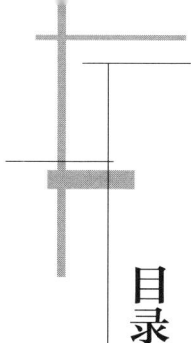

目录

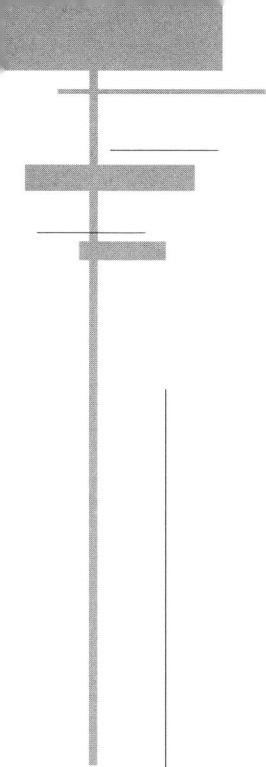

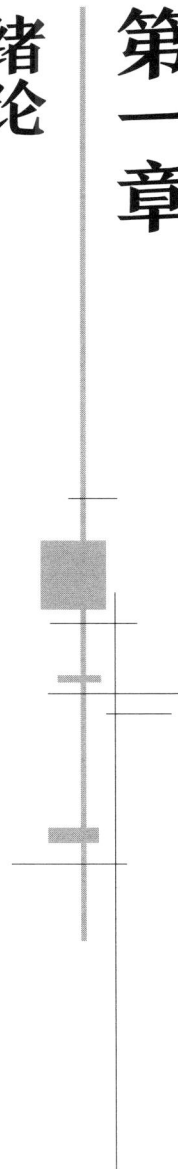

第一章

绪论

第一节 研究背景和意义

21世纪是城市的世纪，城市品牌的构建、城市精神的塑造、城市品牌视觉形象的设计和传播等成为城市发展的重点。城市品牌视觉形象设计已成为一个城市能否立足于当代城市竞争大潮中的重要因素，成为一个城市综合竞争力、城市实力，甚至是城市国际影响力的重要手段。2018年，中央宣布把海南省打造成为全球最大的自由贸易港，海南省迎来了新的发展机遇。2020年6月，中共中央、国务院印发《海南自由贸易港建设总体方案》，标志着这一重大国家战略进入全面实施阶段。海南省未来要营造成为中国、亚洲乃至世界级的高标准的投资环境、营商环境、法治环境、绿色环境和创新环境。首先，这意味着海南的国际化程度将会非常的高；其次，海南省的产业发展将更具有鲜明的特色，城市将朝着绿色、宜居、智慧等方面发展；最后，它将成为国际旅游消费中心，未来将在全国甚至全球都是一个备受瞩目的中心，它还是"一带一路"倡议的重要战略支点和泛南海经济合作的中心枢纽。因此，设计积极和富有吸引力的城市品牌视觉形象，是海南省吸引全球游客和投资者，促进城市发展的重要手段。

城市品牌视觉形象的设计有助于城市提升国内和国际竞争力，对内和对外传播都大有助益。设计积极良好的城市品牌视觉形象对内能够提升市民对城市的熟悉感、亲切感、归属感，加强凝聚力和向心力；对外能够提升一个城市的美誉度、认知度及影响力，促进城市社会、经济和文化的综合协调发展。换言之，积极且具有吸引力的独特城市品牌视觉形象能提高城市的价值，能够转化为无法估量的经济推动力。信息时代的经济就是注意力经济，也就是所谓的"眼球经济"，在各种经济要素顺畅流动的今天，谁最受关注，谁就拥有吸引资源的强劲磁力。❶正因如此，设计积极良好的城市品牌视觉形象是海南省抓取"全球眼球"的重要手段之一。

第二节　国内外研究现状

中国的城市品牌视觉形象理论受到了西方的城市规划与设计理论及企业形象策划理论的影响，其研究的出发点主要是为了设计良好的城市品牌视觉形象，提升城市品牌视觉形象这一无形资产，进而推动城市社会的全面协调发展。在改革开放前，国内城市的建设重点是"硬"发展，主要是追求"数"，还没有更多涉及"软"发展，即城市文化软实力的提高，忽略城市品牌视觉形象设计的"质"的意义与功能。在20世纪90年代，全国很多城市都开始了城市品牌视觉形象的设计。到2001年底，已经有50多个城市在进行城市品牌视觉形象研讨和设计。无论是大城市还是一些中小城市，都已经认识到品牌形象设计对城市政治、经济、社会发展的积极意义。❷

国外的城市品牌视觉形象设计研究显然要比我国更早，国外城市形象理论研究诞生于19世纪60年代，代表著作是美国学者凯文·林奇（Kevin Lynch）的《城市印象》。由于国外的城市建设与城市规划体系能够较多地展示城市品牌视觉形象的个性，因此，国外的城市品牌视觉形象设计中的个性化往往是通过城市规划来反映的。世界上很多比较有影响力的城市，为不断提高国际地位，提升国际形象，都致力于设计其城市品牌的"别致的差别优势"。城市管理者越来越重视城市品牌视觉形象设计与城市整体发展的关联。发达国家在城市品牌视觉形象设计中

---

❶ 许雄辉：《传播城市》，宁波：宁波出版社，2013年，第13页。
❷ 白志刚：《国际视野中的城市品牌视觉形象研究专题》，北京：知识产权出版社，2014年，第18页。

取得了很多成功的经验，值得我国借鉴。❶

城市品牌视觉形象是指城市的整体形状和特征。可以说，城市品牌视觉形象是一个城市的风格、个性、实力以及人们认知的综合体，它凝聚和体现着城市的功能、理念、整体价值取向以及由内向外的辐射力和由外向内的吸引力。❷由于城市是一个复杂的综合系统，涉及城市的环境、历史、经济、文化与社会等方方面面，为了让公众能完整、准确地理解城市，每个城市需要有一套系统的城市品牌视觉形象体系。

城市品牌视觉形象是一个整体，其中的各个方面不是也不可能是孤立存在的。它是一座城市的历史文化积淀，是城市的自然资源与人文资源的有机结合体现，是有形资产和无形资产的紧密融合。它所体现的内涵包括政治经济、科教文化、自然资源、人口土地等。城市品牌视觉形象是城市长久不衰、保持旺盛生命力的有效手段之一，是城市国际竞争力高低的标志。

第三节　相关学科脉络梳理

一、品牌学

20世纪90年代中期，我国的一些学者开始尝试借鉴企业CIS（Corporate Identity System）理论研究城市品牌视觉形象问题。1996年，中国城市科学研究会、建设部干部管理学院和金华市联合举办了"全国城市品牌视觉形象设计研讨会"，首次系统地交流总结了城市品牌视觉形象设计实践经验和理论成果。与会专家表明，城市品牌视觉形象的建设不仅是城市景观的设计，更应该以城市品牌视觉形象识别系统

---

❶ 白志刚：《国际视野中的城市品牌视觉形象研究专题》，北京：知识产权出版社，2014年，第20页。
❷ 许雄辉：《传播城市》，宁波：宁波出版社，2013年，第15页。

（CIS）为基本指导，强调城市综合体各个领域之间协调发展的研究与设计。因此，本书的城市品牌视觉形象设计全面导入了城市CIS系统，形成城市品牌视觉形象设计的科学规范的体系。城市CIS主要包含三个方面：一是城市品牌视觉形象的精神系统；二是城市品牌视觉形象的行为系统；三是城市品牌视觉形象的视觉系统。

追溯城市品牌理论的源头是20世纪60年代，人本主义城市规划理论家凯文·林奇在其著作《城市品牌视觉形象》中指出："城市品牌视觉形象是人们对城市的感知与印象，是一个由多个印象累积而成的公众形象。"品牌是给拥有者带来溢价、产生增值的一种无形的资产。城市品牌是城市营销想将城市印象传递给社会大众的一个核心概念。它从城市的独特要素禀赋、历史文化沉淀、产业优势等方面，提炼出区别于其他城市的个性特征，既整合了原有的各种城市优势，符合当地居民的心理期许，又规划了城市一段时间内的发展战略目标，是城市与城市方向的集中体现，代表着城市的核心竞争力，是城市巨大的无形资产。❶

城市品牌的构成从纵向来看，其形成既需要历史的沉积也需要人为的规划。前者是城市品牌的战略积累，是城市最持久、最具人文潜力和最具文化内涵的品牌形成积淀，其所形成的个性特色是城市极具魅力和活力的视觉识别要素源泉，是城市识别系统的精神和灵魂；后者是对一定时期内城市各方面建设的综合部署和实施管理，并将定位、价值和概念付于实施环节中。❷

从横向来看，城市品牌中含有两方面内容，一方面是物化的、具体的事物和视觉形象，包括自然景观、地理特征等，也包括人为建造的建筑、公共艺术、城市标志、宣传片等。例如，杭州的西湖、西藏的布达拉宫等可以作为一个城市的品牌形象代表之一，成为其特有的标志。另一方面是非物化的、抽象的，例如，城市特有的人文精神、文化氛围

---

❶ 汤海孺：《品牌IP化改造：杭州需要一次城市形象营销升级》，载《杭州》，2019（11），第35页。
❷ 李朝明：《城市品牌建设思路探讨》，载《商业时代》，2006（9），第44-45页。

等。一个城市不是仅靠加强基础设施建设就可以打造城市品牌的，城市品牌的建设最重要的还是要依赖于一个城市的精神文明建设程度，一个城市真正有魅力、有内涵、吸引人的地方还是在于文化。城市的文化、人文精神等，在城市品牌形象设计中将以视觉的形式进行提炼和传播。

近十年来我国在实施城市现代化的建设中有相当力度的投入，很多城市均在创造有特色的城市面貌方面做出过探索与努力，但城市面貌在焕然一新的同时也不乏千篇一律。其中原因很复杂，但我国现行城市规划体系过于注重城市的物质性与功利性而忽视了这些物质与功利要素的美学组合应为其因之一。将 CIS 理论导入城市设计，是想弥补此不足，将 CIS 系统的理论、方法与城市规划和艺术设计等学科进行综合，提升城市的整体形象。城市品牌视觉形象是人们对城市的综合印象和观感，是人们对城市价值评判标准中各类要素如自然、人文、经济等形成的综合性的特定共识，所有这些要素的突出点均可能成为影响总体形象的关键所在。❶

二、艺术设计学

艺术设计学是一门艺术学科，城市品牌视觉形象设计的具体表现离不开艺术设计学。无论是标志设计、辅助图形设计，还是其他应用设计以及色彩运用，都属于艺术设计学的范畴。同时艺术设计学也是一门综合性非常强的学科，它涉及社会、文化、经济、市场、科技等诸多方面的因素，其审美标准也随着这些因素的变化以及时代的变化而改变。

艺术设计贵在创造活动与实践，是设计者自身综合素质（如表现能力、感知能力、想象能力）的体现。各个专业虽然对设计知识的着重面不尽相同，但对于设计概念关于美、节律、均衡及韵律等的要求是一样的。无论是平面的设计还是立体的设计，要想设计出色，设计者最重要

---

❶ 文祺：《全国高校专业解读》，北京：北京理工大学出版社，2010 年，第 58 页。

的是对设计对象的理解，包括对相关的背景文化、地理、历史及人文知识的理解。

三、传播学

澳大利亚学者斯科特·麦奎尔（Scott McQuire）在其《媒体城市》一书中提出"媒体城市"的概念，认为在21世纪，社会生活日益成为媒体城市中的生活。澳大利亚学者德波拉·史蒂文森（Deborah Stevenson）曾说城市品牌视觉形象的打造和传播的最终目标，就是将一个城市与其他所有城市加以区分，使之成为一个独具特色、吸引力的，可供人们生活、工作和观光的地方，以及一个充满活力、繁荣昌盛的可供商业扎根发展的中心。

城市品牌视觉形象传播的最大益处，在于能够在城市品牌视觉形象基础设施不发生大的变化的情况下，塑造有吸引力的城市品牌视觉形象。这在很大程度上是由于媒体塑造的"拟态环境"的作用，人们根据媒体所提供的信息来认识环境和采取环境适应行为，这些行为作用于环境本身，使媒体中呈现的形象与现实中的形象很难区分，使受众把媒介中的现象当作现实看待，这就是媒体的强大功能。就媒体对于城市品牌视觉形象传播的作用来看，人们已经意识到城市品牌视觉形象塑造的同质化问题。

城市传播具备了更多软性特征，比如，它强调"在城市定位与形象元素的二元张力中充分利用自塑和他塑的传播与建构合力"，这就说明城市传播的重心在"传播"，更具体地讲就是"传播什么"的问题，这正是我们审视城市传播的逻辑原点所在。

一些学者将城市传播放置于城市总体与宏观的架构中进行考量，认为"城市本身可以作为空间进行传播意义的再阐释"，这种考量不仅是将城市品牌视觉形象对外部环境的传播纳入研究视角，更是将探究目光投射到传播作为城市生活与政府治理重要节点的角色上，这不仅丰富了城市传播的观照对象与内容，也在一定程度上增强了城市传播的现实必要性与存在合理性。从城市品牌视觉形象目前的各种研究文献与实践来看，其所指是极为丰富的，形式也是极为丰富的。以国内现阶段的城市品牌视觉形象传播实践现状来看，其中既有G20这样有着强大政府背景与资源支持的高端国际会议作为城市品牌视觉形象传播的重要平台，也有像《西湖》这样充满历史气息与人文情怀的纪录片娓娓道来一个城市的千年起伏。❶

四、广告学

广告学属于传播学下面的二级学科，城市品牌视觉形象的设计与传播，跟广告学也有交集。如何结合广告学的学科知识，进行有效的城市品牌视觉形象传播，是值得研究的。而城市品牌视觉形象设计也是广告设计的一部分，因此两个学科密切相关。广告学是一门结合性的学科，是因为广告学涉及社会学、经济学、心理学、新闻学等众多学科，并且广告学本身有着自己完整的理论体系和许多分支学科。例如广告理论学、实用广告学、历史广告学、市场广告学、广告心理学、广告美学、广告文学、广告摄影学、广告设计学，等等。广告学也是一门艺术，因为广告在创意、文字、图画、色彩、字体、修辞等方面都要运用艺术原理，讲求艺术性。艺术是以形象来反映现实生活，反映社会生活的各个领域，是一种富有创造性的方式。艺术也是一种认识，是通过形象把这种认识表现出来。艺术有其社会作用，如认识作用、思想教育作用、审美作用等。广告通过艺术的手法表现产品的形象，准确、生动、简洁、鲜明，给消费者以美的享受，从而引起消费者对广告的注意和兴趣。

广告要利用各种文学和艺术手段来达到宣传的目的，它与文学和艺

---

❶ 张婷婷：《从广告到传播：城市形象的沟通图景》，载《现代传播——中国传媒大学学报》，2018（2），第38-39页。

术有着不可分割的关系。文学、艺术可以通过其特有的形式去影响、传达、感染，甚至支配人们的感情，有时甚至改变着人的观念和行为。广告作为一种特殊意义的艺术形式，随着时代的快速发展，也在不断吸收美学、文学和艺术的理论方法及实践形式，逐步形成自己独特的艺术方式和规律，不断推动广告美学理论、广告艺术和广告活动的发展。

五、符号学

美国城市理论家凯文·林奇认为城市的生命在于其意象的合理可辨性。他认为"城市意象是个体头脑对外部环境归纳出的图像，是直接感觉与过去经验记忆的共同产物……一处好的环境意象能够使拥有者在感情上产生十分重要的安全感，不仅能带来安全感，而且也扩展了人类经验的潜在深度和强度。"❶ 因此，评价城市品牌状况的最重要标准就是城市利益相关者的体验和感知。城市视觉符号作品是展示城市品牌视觉形象的主要办法，视觉符号作品通过对象征符号进行选择、设计和结构，寻求对城市文化精神进行准确地阐释和有力地表述，从而为城市品牌赋予独特的、具有强烈感召力和渗透力的符号价值。城市品牌视觉形象的表述本质内容是城市的文化精神，城市文化精神反映了当下社会的价值观念和思想，与该城市的历史密切相关，是一座城市的内核。符号学的关注焦点是在城市品牌视觉形象的影像叙事中，如何使用能够被受众深刻认同、体现城市文化精神的符号策略，以期达到最优的传播效果。此外，城市品牌视觉形象还与美学、文学、民俗学、旅游学等多个学科相关，这里不详细阐述。

---

❶ ［美］凯文·林奇：《城市意象》，方益萍、何晓军，译，北京：华夏出版社，2001年，第38页。

第二章

城市品牌视觉

形象概述

第一节 城市品牌视觉形象的起源与发展

城市品牌的发展历史大概经历了三个阶段，了解这三个阶段的发展历程，有助于我们去解读和构建城市品牌视觉形象。

城市品牌视觉形象最开始主要是体现在对城市美的追求。它是在城市规划建设、城市设计理论及城市美学理论影响下形成的，属于城市形象在视觉感官层面上的一种表现。城市品牌视觉形象的发展早期可以追溯到古希腊、古罗马时期，在那时的城市规划中已开始重视城市美学与城市艺术，强调对视觉美的追求。

古罗马时代的马可·维特鲁威（Marcus Vitruvius Pollio）在古典名著《建筑十书》中就提出："建筑还应当保持坚固、适用、美观的原则。"可以看出，在人类最初的城市规划与建筑建设中便强调美学意义和审美价值，尽管那时还没有出现"城市品牌视觉形象"这一表述，也没有相关的视觉符号系统设计，但本质上是对城市品牌视觉形象美的追求。

一、城市品牌视觉形象的启蒙阶段

埃德蒙·N.培根（Edmund N. Bacon）在《城市设计》中认为城市的空间、形式是市民生活参与的结果，城市设计者的责任就是去了解大众的行为特征及艺术构成，然后使城市建设与大众行为特征及审美艺术相结合。该理论从行为学角度出发，以人的"城市经历"作为城市设计的依据，并结合城市规划设计领域，设计者考虑到城市品牌视觉形象，并不断进行与完善美化城市的活动。城市品牌视觉形象的提出正是城市设计美、城市艺术美的发展与扩展。

二、城市品牌视觉形象的探索阶段

20世纪50年代以后，对城市品牌视觉形象的认识已不仅局限于追求城市视觉感官层面的审美，而是抓住了城市的本质特征，包括城市三维空间、城市居民的行为特征、公众的感知力及环境艺术设计等，这方面的城市品牌视觉形象的理论及实践不仅强调城市物化存在的艺术性，更重视城市中人、物、事三者融合，体现其一致性的本质关联。

20世纪60年代，先后出现了"环境的艺术意识"潮流，如"街道艺术"（Street Art）、"公共艺术"（Public Art）等思潮，这些新环境艺术思想逐步影响欧美地区，对城市品牌视觉形象的发展产生了较大影响。

国外最先提出"城市品牌视觉形象"概念的是凯文·林奇。1960年，凯文·林奇的专著 *IMAGE OF CITY* 被译为《城市意象》，当然，按城市品牌视觉形象来考虑，Image译为"形象"也许更为恰当。从人的城市环境心理出发，凯文·林奇通过人对城市地图和环境意象认知来分析城市空间形式，提出城市主要构成要素有：路径、边界、区域、节点、标志等，强调城市结构和环境的可识别性及可意象性，并强调城市品牌视觉形象主要通过人的综合"感受"而获得，即把城市这一客观存在物与人的主观感受紧密结合起来，强调了作为城市主体的人在城市品牌视觉形象建设上的主导意义。❶其核心是人们对城市物质环境的知觉以及首先形成的心理意象，这是外部世界的主观反映，当然也是通过系统形象构建所引起的。通过设计建立更意象化的城市，让其视觉形象更加饱满和独特，不仅便于人们对环境的认识和记忆，更重要的是给人们带来美感、愉悦感、安全感，增加精神体验的深度和强度，适应城市的发展。

---

❶ 孙湘明：《城市品牌视觉形象系统研究》，北京：人民出版社，2012年，第15页。

三、城市品牌视觉形象的形成阶段

城市品牌是受商品品牌、企业品牌的影响而提出的，从时间上来看，城市品牌的提出虽然晚，但其发展的速度和成效却很快，并快速形成了城市品牌视觉形象这一新的学科理论体系。

随着城市的发展以及各学科领域对城市建设研究的深入，各学科领域从不同的角度相继提出了城市景观价值、城市轮廓线及空间特色、城市空间符号、城市环境美学、城市风格、建筑艺术与城市美等理论，使城市品牌视觉形象理论逐步从城市规划、城市设计理论和城市美学理论中划分出来，在20世纪80年代逐渐形成较为独立的学科体系。值得一提的是，随着国内外企业形象CIS理论的不断成熟和广泛应用，学界开始将企业形象CIS理论与城市美化及形象建设结合起来，更为系统、全面地思考新时期的城市建设问题。人们意识到企业形象CIS的核心就是打造企业品牌、打造产品品牌。❶ 同样，城市品牌视觉形象建设就是打造城市品牌。在城市建设中导入品牌学理论，塑造具有个性特征的城市品牌，使城市的功能从内向型转向外向型，扩大了城市向外的辐射力和竞争力，使城市价值最大化、最优化。此后，企业CIS理论与品牌理论逐渐被转化为城市品牌意识而引入一些城市建设之中。把城市美从视觉感官层面提升到了思想理念层面，从物质形态范畴拓展到了文化意识范畴，可以说这是城市建设中最为突出的进步。也正是由于企业形象CIS理论影响，促使在城市建设中借鉴企业品牌、商业品牌的运作模式，使城市建设向经营城市品牌的方向迈进，并最终完成了城市品牌视觉形象与城市规划的融合。城市品牌视觉形象这一前所未有的、攸关城市前途和命运的新概念的产生，为未来的城市建设提出了新的历史使命，为未来的城市发展指明了方向。❷

---

❶ 孙湘明：《城市品牌视觉形象系统研究》，北京：人民出版社，2012年，第16页。
❷ 孙湘明：《城市品牌视觉形象系统研究》，北京：人民出版社，2012年，第20页。

城市品牌视觉形象既不是单纯的城市品牌视觉形象，也不是单纯的城市规划设计，此时的城市品牌视觉形象是注入了品牌理念的城市形象设计，而此时的城市品牌则是通过城市内涵打造的城市品牌。因此，城市品牌视觉形象理念的提出，是现代城市发展的必然选择，集中体现了工业时代、信息时代、科技时代、文化时代和经济时代的城市特征。城市品牌视觉形象，是城市品牌构建中重要的视觉体现和传播要素。

第二节　城市品牌视觉形象的定义及属性

一、城市品牌视觉形象的定义

现代营销之父菲利普·科特勒（Philip Kotler）曾说过，城市品牌视觉形象是信念、观点和印象的总和，是大量互相关联的城市信息的精炼和简化，是人们加工和提炼城市大量原始数据的产物。当代城市品牌视觉形象设计的作用是把一座城市大量的信息，包括沿革、环境、人文、理念、定位及整个城市体系，精炼简化成简洁、内涵丰富又个性化的视觉形象，以便使该城市与其他城市在形象上有所区别，并结合当代媒介进行传播，提高城市的文化形象辨识度和知名度。[1]

城市品牌展现的是城市品牌视觉形象中最具特色的部分，通过一定的信息或符号与其他城市形成差异，形成识别效应。城市品牌视觉形象与城市品牌的关系可以看作是一般和特殊的关系：城市品牌视觉形象偏重城市各种资源的挖掘、提炼、整合，从而成功地塑造城市总体的特征和风格的视觉元素，并通过这些元素进行更多的应用设计及传播；而城市品牌强调的是通过城市定位形成城市鲜明的个性，通过城市的品牌核

---

[1] 张睿：《当代城市形象的构建与本土地域文化》，载《大众文艺》，2016 年，第 274 页。

心价值来反映城市的鲜明特色。城市品牌与城市品牌视觉形象之间是一种互为因果的关系，既可以通过打造城市品牌来塑造城市品牌视觉形象，也可以通过城市品牌视觉形象塑造来打造城市品牌。❶品牌形象能使某个产品在同类产品中的优势大幅提高，使之更加突出。因此，塑造良好视觉形象是打造品牌的必要手段，品牌形象能使消费者在与该品牌长期接触的过程中通过品牌联想得以强化，并形成固定的视觉印象。

城市品牌视觉形象是一个复杂的系统，它由三个基本要素构成，即视觉形象系统、行为系统和理念系统。其中，视觉形象系统是城市品牌视觉形象中的重要组成部分，城市的视觉形象是一个城市给人整体的印象，它涉及众多人和物的因素。城市品牌视觉形象包括有形内容和无形内容，有形内容是指城市的外观特征，如地理位置、地形布局、建筑风格和标志等可以通过视觉来呈现的内容。例如，北京八达岭长城、郑州二七纪念塔、杭州西湖等，都属于城市品牌视觉形象的有形内容。能够被公众感知的内在发展因素就是无形内容，包括城市的经济、文化、行政、气候等。例如北京是政治中心，上海是经济中心，海南是国际自贸港等，它们都属于城市品牌视觉形象的无形内容。通过对城市视觉形象的研究，有利于提炼和传播城市中有形与无形的内容，突显城市精神，升华城市品位，提高人们对城市的认知度，为城市各方面的发展奠定良好基础。

二、城市品牌视觉形象的属性

城市是人类社会文化的真实写照，反映着它所处的时代特征、社会体系、经济结构、科学技术、哲学观点、人际关系、生活方式及宗教信仰等。城市是文化的物质表现，文化是城市的灵魂，城市的气质和城市所体现出来的差别，是因为城市深层文化的差异性所造成的。城市文化

---

❶ 刘仁：《基于城市形象载体的城市品牌视觉形象塑造研究》，载《美术大观》，2016 年，第 120、121 页。

随着城市的产生、发展而形成，在自然、社会和经济等诸因素作用下，体现出以下5个方面的特质。

（一）集中化属性

在城市发展的过程中，城市文化以一种强大的凝聚力，将城市的居住者及投资者、旅游者等凝聚在一起，形成一个统一体，这时便构成了一个城市品牌视觉形象的内核。人类物质与精神文明是以城市为中心汇集起来的，这个集合过程使城市文化更具社会化，涵盖面越来越广，其凝聚力就会越来越强。当代世界城市化的迅速发展，使这种城市的集中化属性更为突出。

（二）人文化属性

城市品牌视觉形象能被感知，在其被感知的过程中，每一个人的心理都存在着某种心理"定式"，对城市客观存在的形象进行重新认知与定位，被感知的结果注入了主观的印象，这种印象中包含这个城市的人文形象。人文形象是城市在发展的过程中逐渐形成的，它具有不同的地域特色。城市的人文形象是以非物质的形态表现出来的，具有强烈的人文意味以及城市情感、城市情绪、城市情境、城市情节等人文属性。

（三）地域化属性

城市文化的形成是一种历史积淀的过程，由于地理位置、气候条件、生产生活方式等因素会形成不同的地域文化，不同地域文化又存在着其个性特征。地域文化是城市文化产生的基础，也是城市个性形成的重要因素，是这个城市独特的气质内涵。虽然现代化的媒体传播手段使当代生活具有更多的共性与趋同性，对地域文化产生了一定的冲击，但这并不意味着地域文化的消亡，相反，在这种情况下地域文化显得更具文化特色和生命力，在城市品牌视觉形象中体现出来。在城市品牌形象设计中，要注入现代设计审美，传承和发展城市地域文化，把民族的变成世界的。

（四）审美化属性

从审美过程上来讲，城市的审美首先是从对城市的感知开始的，然后作出理性的美学评判。从审美心理上来看，城市审美的主观性也十分明显，受个人经历、经验、心态、审美、爱好等的影响，每个人对城市的审美感知程度也必然存在不同，对城市的审美感受更是存在明显的差异。当直接感受城市品牌视觉形象时，审美主体的主观的认知能力，城市对审美主体的信息和情感反馈，审美主体与客体在交流中相互作用，这些个体与城市互动的方式与结果等因素，都影响着个体对城市品牌视觉形象的审美感知。

在城市品牌构建中融入审美意识，提高城市的品位和审美价值，能更好地充分体现城市品牌视觉形象外在的形式美。如哈尔滨的俄罗斯风情、杭州的江南风韵、上海的海派时尚、北京的皇家风范、拉萨的藏族风情等，这些都是审美的印象和内涵的体现。尽管这些城市的形态千差万别，但都具有各自独特的审美意味和审美价值，构成了多彩多姿的东方城市之美。

在进行城市品牌视觉形象设计时，应把城市的内部审美要素与外部审美要素结合起来，创造合理的、科学的、统一的、整体的艺术形式，从美学意义上来塑造城市品牌视觉形象，并让大众通过典型的艺术形式来感知城市内涵。在城市品牌视觉形象的建设中，无论是物质文明体现的美的存在，还是精神文明体现的美的现象，只要能够体现城市这一地域空间的独特文化个性，都属于城市品牌视觉形象审美的范畴。

（五）经济化属性

城市品牌视觉形象的整体性在宏观上，还要整体考虑城市的资源优势、产业优势和经济特色，以及城市整体的经济发展目标和经济发展模式，塑造城市品牌形象时融入这些，才是完整的多维度的。经济的整体性是指不要把城市经济看成单一的产品、企业或者独立的产业，而是要从整体战略的高度，从资源的承载能力出发，整体考虑资源的合理配置和利用。

城市经济的发展不是孤立的，城市的经济发展总是与城市周边区域的经济发展联系在一起，城市经济的发展也是跟城市政治、文化等紧密联系的。虽然在市场经济中许多厂商并没有打出"城市品牌视觉形象产品"的牌子，但其实际已经在普遍利用城市视觉形象的品牌效应来宣传自己的产品，如"北京吉普""青岛啤酒""西安杨森""广州本田"等，在宣传产品品牌的同时，也在宣传各自的城市，反之，城市的品牌也会反哺商业产品品牌。城市品牌视觉形象作用于外部，具有一种较强的扩散力和辐射力，如巴黎的品牌定位为"时尚之都"、维也纳的品牌定位为"音乐之都"，这些城市品牌已被全球所认同，充分显示品牌塑造和传播的作用。

第三节　多维度视角下的城市品牌视觉形象

城市品牌视觉形象的建设需要将城市受众的感知放在第一位。从顾客的视角来看，品牌被认为是顾客对价值和质量的感知，是联想和感觉的集合。由于品牌存在于顾客的头脑之中，品牌管理者就需要重视顾客的感受和顾客对品牌的各种评价。甚至有一些研究者认为城市品牌与产品品牌相比，城市品牌的主观性更强。城市的顾客也就是城市的"受众"，常常根据搜集或者感受到的各种各样的城市信息来衡量与评价这个城市的存在。❶

一座活的有生命力的城市必须是以人为本的，无论是对产品品牌，还是对城市品牌视觉形象来说，最重要的东西就是受众眼中的城市品牌

---

❶ 周倩：《城市传播与景区品牌》，北京：人民出版社，2017年，第53页。

视觉形象应该是什么样的。真正的城市品牌存在于城市受众的内心和想法中，是将人的形象和一切活动、城市现代化以及城市整体背景相融合。城市品牌视觉形象是一种潜在的饱满的精神内核，良好的城市品牌视觉形象可以培养市民对城市的一种归属感，可以让市民深度认识到自己的命运紧紧地与城市发展相联系，促使市民为城市的发展做出贡献。城市品牌视觉形象构建与传播，是要明确城市定位，对城市自有资源和未来发展方向的整合，通过城市软件环境建设、城市硬件环境建设、城市人文内涵等进行城市品牌形象塑造，然后结合城市传播与宣传等，作用于城市居民、求学者、游客、投资者等内外部关联人，使他们对城市的心理认知与品牌形象融合，从而逐步树立起城市的知名度和影响力。

城市是受到人为活动影响的生态实体，也是人赖以生存和发展的空间。就城市品牌视觉形象塑造而言，从生态的角度看，城市是特定地域范围内以人的精神为主导，以空间为依托，以时间为载体，以文化为动力，以机制为经络，由整体系统构成的人工生态综合体，是一个开放的社会生态、人文生态及自然生态综合的生态系统，是人与自然"共生思想"在社会发展中的具体体现。

社会生态、人文生态及自然生态将人、城市和地球三者环环相扣，这种关系也贯穿于城市品牌视觉形象中，也日益融合成为一个不可分割的整体。

一、时间维度下的城市品牌视觉形象

就城市而言，时间是城市的过去时间、现在时间和未来时间，是一个动态的时间。虽然城市是一个比较现代的概念，然而，从有城市的形成到现代的城市已有几千年的历史。历史的变迁，时间的磨砺在城市的发展和兴盛过程中起到一定独特且重要的作用，在城市的演变历程中也有一定的时间痕迹，这种历史的变迁和岁月的履痕对城市的经济和环境等必然产生相互的影响。

城市现有形象是对城市现在时间的"今"的审视。城市是生态中的城市，作为一个极为复杂和敏感的生态系统，城市如同巨型的容器一般，不仅为城市自身设立合理发展的限界，也为在其中所发生的事件设立了展示的舞台。对于城市"今"的认知，一方面是城市自身的全面认识，包括认识城市发展的国际资料和国内背景、城市的发展条件和基础、城市的产业现状和区域地位、城市与其他城市的关系等。另一方面是在全球化环境下的角色认识，现代城市发展已进入经济全球化的时代，城市比以往任何时候都需要以全球的视角来认知。

城市的未来想象是对城市将来时间的展望。城市在时间重复节律和渐进的、不可逆转的变化中发展。城市的过去是无法改变的，而将来却是未知的。运用城市品牌形象对城市未来的憧憬，也是基于城市的过去与现在的精神和外表的可持续性，运用创意和设计力，让城市更"美"。城市是动态的，伴随时间的流动不断发生变化，体现在外观，如城市建筑、景观等容貌因时间的变化而产生的"形象"变化，也体现在城市范围内各种社会人文活动的变化。认识城市的过程是需要时间的，城市形象在人的大脑中形成是需要时间的，而当今提炼的城市品牌视觉形象是对这些动态印象的概括，便于人们更好地结合自己的感受形成城市印象。

城市整体空间在不同时段以不同的方式被人们感知和使用。首先，由于人们在时空中的活动是不断变换的，所以在不同时间、具体的城市环境空间有着不同的用途。城市品牌视觉形象的设计者需要理解城市空间中的时间周期以及不同活动的时间组织。其次，尽管城市环境随着时间在无情地改变，但保持某种程度的延续性和稳定性也很重要。最后，城市环境随着时间的更迭在变化，同样，城市品牌视觉形象的设计方案也需要随着时间的更迭而逐步更新。进入现代社会的城市，在时间流变中积淀了鲜明的时代特征，这种丰富有序的城市时空结构有助于构筑良好的城市品牌视觉形象。❶

---

❶ 周刚、成朝晖：《第三届设计教育高层论坛文集》，杭州：中国美术学院出版社，2014年，第85页。

二、空间维度下的城市品牌视觉形象

从城市的物质属性而言，空间包括宏观空间和微观空间。宏观空间是指城市的整体布局，包含城市在地域上的分布构成，与自然环境的关系、城市的几何形状、城市的格局、城市的规划、城市的交通网络、城市的功能分布、城市的形态演变等布局形式等；微观空间是指城市圈以及城市圈中的建筑等公共设施的整体布局。

城市空间的复合化是指一个空间单元同时具备建筑个体空间和城市公共空间的双重性质和双重归属。整合后的城市环境呈现着立体化、多向度的穿插和层叠。城市复合空间由建筑内部使用者和城市公众共同使用，不同归属的建筑空间单元分别与城市公共空间相连，在各自保持其相对独立性的同时，又构成了彼此延续相通的关系。❶

空间是一种人居住的场所环境，随着时间的推移，不断积淀和延伸，有了更多的意义。一个城市是由无数这样的小空间组成的，这些空间是平等的、开放的、互动的，甚至是相互影响紧密联系的，形成了有社会整体意义的、能很好地表现共享意义的城市社会空间。城市品牌视觉形象要和这些空间的意义融合，才是有生命力的。而城市品牌视觉形象的传播更不能离开城市空间而独立存在。

城市的流动空间是基于当下信息化、网络化和全球化的城市虚拟空间。信息时代打破了传统的空间概念，数字化和信息化的发展催生了网络社会的崛起，电子多媒体的互动性，给予人一种全新生活的可能性，这种信息的发展也转化着时间和空间，是城市可持续发展的基础，更是城市品牌视觉形象塑造的新领域。❷

---

❶ 成朝晖：《人间空间时间——城市形象系统设计研究》，杭州：中国美术学院出版社，2011年，第83页。
❷ 成朝晖：《人间空间时间——城市形象系统设计研究》，杭州：中国美术学院出版社，2011年，第85页。

三、社会维度下的城市品牌视觉形象

人的活动是构成城市社会结构的主要部分，是城市整体社会形象的体现，它也是城市品牌视觉形象的构成要素之一。

作为可移动的城市品牌视觉形象要素，人类的活动特征也是社会生活在城市中的表象反映，起到体现城市品牌视觉形象特征和展现城市物质文化生活的作用，人的活动是极为丰富和多变的，在城市品牌视觉形象建构中应该给予足够的重视，并且要纳入其中统筹考虑。如何规范行为，建立各因素均衡、协调发展的城市环境，是城市品牌视觉形象研究的主要内容之一。❶

城市品牌视觉形象的设计，要考虑城市居民的使用需求，且要兼顾不同社会活动，体现出随时间的流逝而越来越聚集的城市形象。此外，不同社会阶层对城市品牌视觉形象的需求也存在着较大的差异。因此，对于城市而言，在城市品牌视觉形象构建要充分兼顾城市中社会各阶层的利益，提出符合各方需求的多样化的城市品牌视觉形象建设原则，满足不断变化发展的社会生活多样性需求。

四、经济维度下的城市品牌视觉形象

经济是社会发展和人类进步的重要条件，是城市发展中的重要因素，对城市建设的影响极大，不同社会经济发展速度的差异和国民经济水平的高低，与城市品牌视觉形象会有很多方面的相互影响。从城市的功能分区来看，经济的发展需求决定了城市的总体布局形态和形象元素的典型特征。根据经济规律的要求，不同功能的区域之间有着内在的联系，它们彼此依靠形成产业链关系，在城市外部形象的表现上也同样体现出这种内在的关联性。

---

❶ 王豪：《城市形象概论》城市形象概论，长沙：湖南美术出版社，2008年，第59页。

经济发展与城市品牌视觉形象有着密切的联系，它对城市品牌视觉形象的建构起到了重要的作用。经济学家往往从建立城市经济格局的角度，探寻城市建设中的经济增长途径，通过对城市中的商品经济、土地经济、生态经济以及城市管理经济等多方面的整体协调发展探索，找寻能够使现代城市良性发展的经济建设途径。经济条件作为决定城市品牌视觉形象的主要因素之一，为解决城市品牌视觉形象存在的混乱和落后的局面提供了财力保障，比如城市中的贫困区与富裕区、商业区与城市郊区之间的形象建设存在一定的差距。

城市品牌视觉形象建设与经济发展具有相互作用，好的城市品牌视觉形象是和谐社会环境和人精神的统一体，能够促进城市经济的不断发展；相反，差的城市品牌视觉形象将会极大地影响城市环境，甚至会在一定程度上影响区域内经济的发展。因此，要妥善处理城市品牌视觉形象与经济发展的关系，这是城市品牌视觉形象成败的关键。

五、文化维度下的城市品牌视觉形象

每个城市都有它独特的历史文化，它们构成了这个城市的底蕴。城市品牌视觉形象设计既要体现城市的文化内涵，更要为保护和传承城市的历史文化助力。

如果说城市的历史文化代表了纵向时间层面的城市文脉，那么城市的地域特征则代表了横向地区层面的城市文脉。苏州博物馆新馆的设计表现出了设计师对于城市地域文化的理解。新馆坐落于一片传统居民聚集区，借鉴了传统民居与园林艺术的表现方式，从传统文化的内涵来看，是新建筑与传统街区的合理融合，这也是城市品牌形象的有机构成要素。

在城市品牌形象构建时，应贯彻可持续发展理念的主要策略，要充分尊重当地自然资源和地域文化，并把其与设计形象进行有机融合。上海世博会的标志形象体系和主题馆设计便是这一理念的极佳体现，它一方面体现了上海文化和特色，另一方面则结合了现代的生态和科技技术保证了设计的实现。

六、艺术维度下的城市品牌视觉形象

城市所呈现出的最直接的外部形象特征越来越注重美学特征，通过不断地注入更多的艺术美来塑造城市形象的艺术魅力。城市品牌建设已不再是简单的功能协调问题，还包括将城市作为一件艺术作品进行深入研究的艺术问题。而对于城市品牌视觉形象建构来说，依靠技术方面专业人士的科学知识只是其中的一部分，还需要拥有艺术家的审美眼光和艺术天赋，才能更好地给城市品牌注入艺术营养成分，城市的形象特征要反映足够的艺术品质和视觉特色，这一点尤为重要。

站在艺术视角来看待城市品牌视觉形象的建构，与现代主义的功能至上原则有很大差异。艺术视角的关注点重新回归到传统城市的艺术形象上，在艺术性原则的指导下，城市品牌视觉形象应当尊崇视觉艺术原则，并将其体现到城市空间的设计中，提高城市品牌视觉形象的整体艺术风貌。从艺术视角探讨城市品牌视觉形象有着重要的意义，利用艺术化的手段突出城市个性，彰显城市魅力，有助于城市品牌视觉形象在受众心中留下更加深刻的印象。

第四节　城市品牌视觉形象设计的定位

城市品牌定位是城市品牌塑造的核心和关键。城市品牌存在的价值在于它在市场上的定位和不可替代的个性。在市场面前，城市代表的已不仅是一个行政区域，而是一个巨大的商品，如同其他商品一样，要提高商品的竞争力，体现商品的真正价值，必须要找准商品处在价值链中的哪个环节。著名品牌长久不衰的最主要原因正是在于正确的市场定位和始终坚持自己的特色。城市也一样，要不断发展，不断树立自己的品

牌，就需要明确服务于哪一群体。当然，城市品牌首先要满足市民的需求，此外还有吸引游客、会议的召开、企业的投资等需求。这就需要确定吸引什么类型的游客、会议和投资者。所以城市品牌定位的目的就是要体现城市的个性，给人以明确、清晰、系统的整体形象。换言之，即为城市确定一个满足目标受众需求的品牌形象，其结果是获取目标受众认可而消费城市产品，可以说城市品牌是城市核心价值的高度概括。❶国内外已经有很多成功定位的城市典范，例如，北京定位为政治、文化的中心，我国香港定位为亚洲地区的金融中心，海南国际自贸港将打造成世界消费中心等，国外城市如瑞士的日内瓦的定位是举办国际会议、会展的国际化城市，美国的底特律定位为汽车城，这些城市定位都帮助城市成功地塑造出了自己的品牌。

一、城市精神定位

城市在实施不同阶段的品牌视觉形象战略时，与其他城市的差距表现在哪里，优势又体现在哪里，以及在城际间处于怎样的地位，这些都需要战略统筹考虑。因此，我们如何确定该城市的品牌精神定位战略，主要有以下三个方面。

首先，通过用符合自己地方特色的方法来定位自己的品牌精神战略。这就需要我们从城市发展的历程和脉络入手，分析城市长足发展的特点和优势、劣势。尽量做到取长补短，做到在吸取前人的教训上有所进步、突破。

其次，要采取长远发展的目光来看待城市战略性精神的确立。先有战略后有战术，要想保证战略的长足发展，必然要立足于一个个的小任务，所以在各个阶段的战术就起到了关键的作用，准确地规划各个时间

---

❶ 王钏：《城市品牌定位研究——基于上海城市品牌定位的实证分析》（硕士学位论文），上海：上海财经大学，2005 年，第 18 页。

段的战术，将会对整体的战略起到举足轻重的作用。

最后，注重可协调的发展统筹考虑城市品牌精神设计的战略。城市品牌精神设计的战略不是"一花独放"，而是要协调考虑城市资源、经济发展状况、人民生活水平等各种因素，只有这样协调地统一各方面的内容，才能真正做到"百花齐放"。

"文化"是相对于政治、经济而言的人类全部精神活动及其产品，而文化内容又分为历史、地理、风土人情、传统习俗、工具、生活方式、宗教信仰、价值观念、审美情趣等。这足以说明文化的广泛性。

城市文化是一个城市的历史文明和现实文明的有机结合，它凝聚了多方面的内容，具有极大的包容性。城市文化虽然是一种无形的东西，但是却如空气一般存在于我们的城市里，无论是城市的传统习俗、该地区的饮食方式还是经济的发展，都与文化有着或多或少的关系。城市品牌精神的建立当然与该城市的文化定位有着密切的联系。城市文化是城市精神重要的组成部分，只有确定好了独特的文化定位，才有利于文化精神的形成与发展。

那文化型城市精神的定位包括哪几个方面呢？笔者参考了孙湘明教授的主要观点❶。

其一，城市文化的传承。在每所城市发展的过程中，无一例外都要回顾该城市的历史，回顾历史不是为了照抄硬搬，而是有所取舍，有所传承。传承历史的优秀文化，对过去的文化进行筛选总结，挑选出其中的精华。例如德国鲁尔区的发展，就是在鲁尔区工业时期的历史基础上进行再完善，达到了出奇的效果。

其二，城市文化的提升。一个城市文化的发展不是在原有基础上的修修补补，我们要辩证地看待城市的文化，有所批、有所赞。不仅要立足于识别性、整体性等原则，既要协调好本城文化，又要吸取外来精华文化，使文化在新时代能不断地提升，不断地焕发生机。

---

❶ 孙湘明：《城市品牌视觉形象系统研究》，北京：人民出版社，2012年，第154页。

其三，城市文化的创新。创新是文化的根本。要想文化具有延续性、持续性，必然少不了创新。创新是城市文化发展的内在动力，是城市文化发展的源泉。不同城市、不同地区、不同国家的文化要做到交融汇合，互相借鉴包容，取长补短，是一个城市文化创新必然要经历的过程。因为创新是社会实践的产物，一切的创新必然要立足于实践，立足于现实。城市的创新绝不是互相抄袭，而是有所取，有所弃。符合自己本地的特色和风格的，可以适当地借鉴，不符合实际情况的，即使再新、再好也不能拿来就用，那样就成为鲁迅口中的"拿来主义"了。

（一）以"上海"为例，浅谈我国城市的品牌形象的精神定位

上海是我国现代化的城市之一，上海城市体现的是"海纳百川、追求卓越、开明睿智、大气谦和"，这也是一直以来被大家所熟识的。

海纳百川，是上海历史与现实结合最鲜明的特征；服务全国，是上海的责任，也是上海加速发展的必然要求。在服务自身城市的同时，上海这座大的城市也承担起了面向世界、服务全国的作用。在这一过程中，海纳百川就是要做到广泛地吸收各城市的优点，兼收并蓄。除此之外，上海丰厚的历史底蕴也无不影响着上海精神的塑造。上海曾经是最早的一批受殖民统治的城市，外国人在上海设租界、建教堂、办教育、开舞厅的同时，也带来了该城市深刻的变革。直到今天，上海的城市建筑仍然还明显带有英国、德国的传统建筑色彩。此外，地处于长江三角洲地区的地理位置，也深深地影响着上海这座城市。海派文化中讲究实用、精致细腻的倾向，与江南传统士大夫浪漫、唯美等心理传统融合在一起，为上海文化打下了深深的烙印。这一历史和现实的交汇，汇聚成了海纳百川的上海城市精神。

艰苦奋斗是我们党的优良传统，也是我们的民族精神。而追求卓越，一直以来都是上海突出的城市品格。在艰苦奋斗中追求卓越，在追求卓越中展望未来，这是上海一贯发展的作风。

开明睿智，是上海传统文化资源。一座城市精神的塑造，绝不能空

谈，一定要立足于一定的历史条件和民族背景。中国自古以来都注重政治开明的品格要求和儒家睿智的作风，这些传统的精神为上海塑造开明睿智的城市精神做了良好的铺垫。现如今，在建设社会主义的大背景下，开明睿智的作风和品格更是一个现代大都市应该有的基本品质。

大气谦和，是上海现代化的基石。这一概念是在上海新时期建设发展的过程中提出的，说明了在城市自身的建设过程中，要积极地处理好与其他城市及地区的关系，体现出一个开放城市具有的国际大都市的广博胸怀。只有拥有这样的胸怀，才能拥有强大的号召力和影响力，才能发挥上海这座大都市的向心辐射力。对周边的城市产生辐射带动的作用。因此，从根本上来说，大气谦和，是一种对未来城市发展更为高瞻远瞩的眼光。

由此可见，上海海纳百川、追求卓越、开明睿智、大气谦和的城市精神根植于历史，根植于传统，根植于城市内在的灵魂。

（二）浅谈国外城市的品牌形象的精神定位

谈及巴黎，大家都会想到各种代表巴黎的代名词，时尚之都、浪漫之都、艺术之都、文化之都等一系列名词都涌入脑海中，其中最著名的当属浪漫之都，这些也代表了巴黎的城市精神。

与其他城市相比，巴黎是一所充满了浪漫梦想的城市，大多数参观过巴黎的人士都有着这样的想法。巴黎独特的浪漫主义可以追溯到17～18世纪法国大革命前贵族沙龙中的对话模式，以及1789年法国大革命后这些规范的民主化，还有更早时期的卢梭和19世纪浪漫主义运动的浪漫主义思想。由此可见，浪漫源于该城市丰厚的历史底蕴。

除此之外，浪漫主义这个词更多地与19世纪30年代雨果领导的艺术和文学运动密切相关。它挑战古典主义的秩序和限制，呼吁言论自由，采用新的文学实验。由此可以看出，浪漫主义除根植于巴黎的传统之外，还延伸到了文学、艺术等领域。

又如英国的牛津城，被称为"学术之城"，学术渗透到了其中大部分活动中。牛津是一个流淌着学术气息，洋溢着学术氛围的城市，牛津有成熟配套的学术设施，三十多个学院散布在各个角落，每个都历史悠久。13世纪的古书、15世纪如梦似幻的钟塔、16世纪的礼拜堂、17世纪的苍天梧桐树、18世纪的人物肖像油画、19世纪的殖民风格圆顶和柱式阳台，以及20世纪的战争纪念碑，在牛津随处可见。

总之，无论是国内城市还是国外城市，城市精神定位明确且有特色，无不根植于该城市的历史、传统、文化、自然资源等方方面面。城市精神不仅提高了城市的知名度，也促进了该城市的发展。所以，城市精神是城市的灵魂，是城市市民认同的精神价值和共同追求。

二、城市功能定位

城市品牌视觉形象系统设计是以城市的整体性为对象，其首要任务是从实际出发，满足城市功能。因此，城市品牌视觉形象系统定位的基础是城市功能定位。所谓"城者，所以自守也"，中国古代定义城市就将其功能作为切入点。

（一）城市功能具有整体性

城市功能不是各种功能之间的简单相加，而是各种功能相互关联、相互作用而形成的一种有机结合的整体。各城市功能作为城市整体功能的重要组成部分，根据城市整体功能的主要目的发挥其不同的作用。同时，各种城市功能的性质与作用也是它们在城市功能整体中的地位与规定性所决定的，它们的活动大多会受到整体与部分间关系的制约。所以，城市功能具有鲜明的结构性，城市品牌形象构建一定要着眼于城市的全部功能整体性与系统性，并关注其中的各个功能要素。

（二）城市功能具有层次性

城市功能是一个有机的系统，主要由不同层次的子系统共同构成，各个子系统相对于它的下一层次的小系统而言又属于母系统。城市功能系统与子系统的隶属关系不同，其形成的等级就是城市功能的层次，不同层次的城市功能具有自己比较特殊的运动规律，但它们之间也有共同的运动规律。不同层次的城市功能不仅互相依存、互相作用，同时还互相区别、互相制约。

（三）城市功能具有开放性

随着经济的快速发展，一定区域内的物流、人流、信息流等都会通过各种方式汇集到城市中，经过城市的进一步优化组合而产生了能量聚集与放大效应，进而形成了城市的多种功能。城市各种功能一部分是相对于特定的外围区域来说的，每个城市都是开放性的而不是封闭的空间，城市经济文化的发展都是在城市内外部不断的互动中得到价值体现和发展。城市功能定位要根据自身条件、竞争环境、消费需求及其动态变化等来确定。

三、城市品牌视觉形象定位的差异化

城市品牌视觉形象构建的定位，主要是为了确定一座城市在整个社会发展网络中扮演的角色，确定城市对当前社会所起到的独到贡献点以及城市生长点，确定这个城市的品质和气质，体现出差异化。

（一）城市品牌视觉形象定位中因子的选取

城市品牌视觉形象构建的定位涉及的要素，有一部分是历史发展的结果与痕迹，有一部分则需要人为地加以营造与经营，塑造出城市品牌形象与品牌个性。

城市特质主要是一个城市的内涵及直观形象等方面，非常明显地区别于其他城市的一种鲜明的个性特征。城市特质重点表现在其难以模仿与超越这个方面，它是城市时间的积淀、城市空间地域的分野、城市文化等多种要素的外化表现。城市特质越鲜明，城市的形象也就变得越具有感染力、吸引力及辐射力。

（二）差异化优势识别中寻求认同性

城市品牌视觉形象构建的定位，很关键的一点在于让所建构的城市品牌视觉形象存在差异化识别。差异化主要是将其和其他的城市区分开来，使其具有十分鲜明的差异。城市品牌差异性，就是指城市的识别性与辨析点，引申成为一座城市的个性特质，其品牌视觉形象具有可识别性与记忆性，也能够使城市的市民产生一种文化认同，能够给人极为深刻的印象。

在进行城市品牌视觉形象构建的定位时，需考虑的表现要素不是要强调面面俱到，而重点是要寻求差异化的识别，强调内容与手段层次的独创性，以不同的区域表现其特色，追求异军突起，这是区别于竞争对手的重要标识，也是城市特质的重要表现形式，由此便能够形成这座城市极为鲜明而易识别的形象。

四、城市口号直接体现城市定位

城市口号是对城市精神的凝练和外在表现形式，城市口号的背后反映的是浓缩的城市文化。一个著名城市的口号能直接反映这个城市的文化底蕴和特色，并能与其他城市区分开。一个有文化底蕴的城市口号，能让人很好地感知和记忆，并且引起共鸣。我国城市口号经历了从单纯的地理要素提炼，到越来越注重人文价值的挖掘，从另一个角度讲，是从"王婆卖瓜式"到"文化共鸣式"。目前我国现有的一些城市传播口号中，大美、千年、古城、魅力等这些类型的词汇较多，就是有什么就推什么。但城市口号的不断发展进化不只是告诉别人我有什么，而是要从要素走向品质，从理性走向感性，从自我走向受众。也就是在大数据分析画像的基础上，确定用户想要什么，我们就产生并传播什么。

国外有些的城市口号显示了多样性，也比较容易引起共鸣。如四季皆宜的旅游胜地（加拿大）；最真一面，澳大利亚见（澳大利亚）；天使之城（曼谷）；尽情享受新加坡（新加坡）；伦敦是儿童的世界（伦敦）；瑞典是奇妙的，即使在冬天（瑞典）；一座露天博物馆（意大利）；世界的公园（瑞士）；历史的金库（埃及）；夏威夷是微笑的群岛，这里阳光灿烂（夏威夷）；阳光下的一切（西班牙）及 I LOVE NEWYORK 我爱纽约（纽约）。

城市定位和宣传口号也不是一成不变的，国外有些城市会根据不同的地域和对象，采用不同的宣传口号进行宣传，从而实现多重传播，精准传播。比如韩国首尔的城市定位，对城市本身的本体性进行探寻，并采用多层传播策略，对自己的优势进行了多重定义，以各沟通交流对象为目标，努力实现与众不同和多面性。面向中国和日本的宣传口号是"IT先导城市""尖端城市"及"具有现代感"；而面向欧美国家，其定位口号是"亚洲之灵魂""神秘的东方古都"。

【案例】北京城市品牌视觉形象设计之基本构架

1.北京城市品牌视觉形象设计的意义

良好的北京城市品牌视觉形象能够产生文化自信，带动旅游产业和服务业的发展，能够充分体现中国文化形态和精神，能够体现国家政治中心和文化中心功能。

2.北京城市品牌视觉形象设计的指导思想和原则

北京城市品牌视觉形象设计的指导思想是：古都保护、首都创新、三系一体、城乡各异、协调发展。北京城市品牌视觉形象设计的原则是：顺应自然、尊重历史、发展特色、整体设计、长期完善。

3.北京城市品牌视觉形象设计的定位

北京城市品牌视觉形象设计理念必须依据城市的性质定位，北京城市定位为"政治中心、文化中心、历史文化名城、宜居城市"以及"两轴两带多中心"等概念。

政治中心和文化中心是首都城市发展的核心定位，具有不可替代性。历史文化名城全国有百余座，宜居城市概念具有普遍建设理念和要求，北京还有差距。北京城市品牌视觉形象创新由于没有整体系统规划设计理念，局部调整多，全盘考虑少，符合首都政治中心和文化中心功能的元素规划得少。

4.北京城市品牌视觉形象设计的内容

北京城市品牌视觉形象研究的内容主要体现在北京的城市性质定位与特征、城市历史特色、城市文化特色、城市独特的地理形态、城市经济特色体、城市地标化建筑等。

以2008年北京奥运会为例。2008年北京奥运会以"绿色奥运、人文奥运、科技奥运"三大理念作为定位目标，实现"新北京、新奥运"的战略构想，体现中国风格、时代风貌、人文风采、大众参与。为体现绿色奥运，采用广泛环保技术和手段，大规模加快环境治理、绿化美化、环保产业发展，鼓励公众积极参与各项改善生态环境的活动。

第五节　城市品牌视觉形象设计的原则

城市品牌视觉形象是城市核心价值的外在表现，在城市定位的基础上，主要以精炼的系列图形图像来传达城市内涵和特质。其中视觉符号是应用最广泛、最核心、最能彰显城市个性的视觉元素，而且符号将作为主要的传播要素。要做好城市品牌视觉形象的构建，其主要视觉符号的设计就要遵循易于识别、个性突出、普遍认同三项原则，将视觉形象的外在功能作用发挥到最大，进而优化城市品牌的塑造。

一、易于识别原则

城市品牌视觉形象符号是城市理念和行为的外在体现，也是城市文化传播的重要角色，它贯穿于城市发展的所有活动中，是城市精神的具体象征。一个城市的视觉符号不仅要体现过去的发展历程，还需要展现现代的发展状况以及将来的发展目标和诉求。例如，某位国内本土设计师的城市视觉品牌字体设计作品，用两年时间将中国34个省市的名字重新设计，使城市名设计不仅具有辨别度，还从色彩与造型上突出城市的独特性，以其中的桂林为例，在设计城市形象符号时，首先要了解当地历史、人文、风俗习惯、自然风光等，提炼出最具代表的元素，他选择以"桂林山水甲天下"为设计主题，以"桂林"的字体设计为主要造型，主色调采用墨绿色渐变青色，以此突出桂林的"山水"特色。乍看这个标志符号，很容易识别出是"桂林"二字，便于受众识别和加强记忆。

当城市视觉形象被易于识别后，自然而然就能引起受众更多的关注度、延长关注时间，达到传播的效果。城市形象视觉符号是象征城市特质的视觉形象，在传播过程中，被认知、被了解和记忆，并产生好感，促使更多的人慕名而来，有助于城市旅游业、商业、文化建设的促进和提升，同时反过来促进了城市品牌视觉形象构建和传播的最大化。

二、个性突出原则

城市品牌视觉形象最怕的是同质化，都是青山绿水，没有个性特征。不同的城市有着不同的文化底蕴和地域特征，这些特征就是城市的特有资源，城市应该有着鲜明的、有活力能承载该城市独特内涵的视觉符号，特别是城市LOGO。如广州市新的城市LOGO，运用了广州地标性建筑广州塔俗称"小蛮腰"，结合广州汉字进行设计，突显个性，也体现了城市的特质，取得了很好的效果。在这个追求个性化的时代，特色就是优势，无论是城市文化内涵还是地域特征，这种具有鲜明、独特的资源就是综合实力的体现。城市LOGO的诞生主要目的是用于城市品牌视觉形象的推广和传播，因此，在视觉表现上理应做到承载大部分人所认可的文化感和时代感。城市LOGO的设计不应该只有单一的思考维度，还应在内涵和情感方面加以考量。在设计之初，整合城市各方特色资源，运用合适的设计表达方式，在小小的LOGO中将城市的精髓部分完美展现在受众面前，才能避免雷同。城市LOGO只有充满个性，才能凸显自身个性魅力，只有突出个性才能强化视觉认知，促进城市品牌知名度和美誉度。

三、普遍认同原则

城市品牌视觉形象在设计过程中，除了要将发展推动到最大化，还要从观念、行为上引起受众的共鸣，才能让城市里外的人都对这座城市的品牌视觉形象元素产生认同感和归属感。城市视觉形象代表整个城市的价值取向和发展理念，同时也是直观反映整个城市居民的内在精神和涵养的体现。城市品牌视觉形象在设计时，要充分体现公众心理和价值取向及审美喜好，使其在感知视觉形象各要素的同时，形成对城市品牌的普遍认同与支持。

第三章
城市品牌视觉
形象系统

城市品牌视觉形象的建立与企业形象的建立有许多相通之处。企业形象系统通常简称CI，CI是Corporate Identity的缩写。CI的主要含义是指将企业文化与经营理念统一设计，利用整体表现体系，尤其是视觉传达系统，传达企业营销概念给公众，使其对企业产生一致的认同，以塑造良好的企业形象，最终促进企业产品或服务的销售。CI由MI、BI、VI三部分组成，MI（Mind Identity）指的是理念识别，BI（Behaviour Identity）指的是行为识别，VI（Visual Identity）指的是视觉识别。狭义的CI即指VI，它以各种视觉传播为媒介，将企业活动的规范等抽象的语义转换为标志、标准字、标准色等视觉符号，塑造企业独特的视觉形象。现在，企业CI理论研究已经十分成熟，并且在世界各国得到广泛应用。企业CI可以帮助企业树立产品品牌和企业形象，使企业具有鲜明的特色，为企业创造一种独特的适应外部环境的规范模式，对企业的发展有着巨大的帮助。

城市品牌视觉形象的建立与企业形象的建立有许多相通之处。随着城市CI理论的诞生，实现了设计学科的交叉和融合。城市CI就是借助企业CI理论，通过对城市理念识别、行为识别和视觉识别的定位，自觉展示与体现城市的特色。城市CI理论的导入，有利于对城市品牌进行设计和传播，结合城市管理和现代设计观念的整体性运作，从而充分展现城市特色。城市CI设计与传播的基本工作包括设计城市品牌视觉形象、规划实施城市品牌建设的具体方案、推广城市品牌等。

城市品牌视觉形象系统，英文为City Identity System，简称CIS，"C"就是指城市的"City"，它不是企业的"Corporate"，也不是国家的"Country"，更不是公共场所的"Community"。将各要素进行整合之后形成城市品牌规范系统并应用和传播，使城市获得了社会公众一致的认同感，提高城市的竞争力与影响力，创造最佳环境的现代城市设计战略。城市品牌视觉形象系统设计的要点是设计统一的识别系统，然后借助信息传达将其准确、清晰地展示在人们面前，使之具有较强的指导性和可操作性。

城市 CI 中的 MI 指城市独特的城市精神、文化个性、城市发展目标、城市的使命、城市价值观念的识别，它是城市 CI 的核心。特别是城市精神，它是一个城市的灵魂，是环境、资源、文化、历史、经济等众多因素结合起来的体现，最终决定了该城市品牌视觉形象的本质。主要包括城市的价值取向和人文精神等。

城市 CI 中的 BI 是城市理念的行为表现，BI 体现着城市广泛行动的各个细节，共同表达城市理念，以产生统一的城市品牌视觉形象，使城市内外产生共识、认可和好评。其基本内容分为对内和对外两个方面。对内的活动包括对市民的培训、教育、城市环境的开发等，表现为城市内部组织的行为，如对政府、市民和企业的行为进行引导和规范，使其体现城市的价值观，增强市民的认同感，提升市民的自豪感，促使市民与政府共同建设城市品牌；对外的活动有调查活动、广告活动、公关活动、公益文化活动等宣传推广城市品牌和城市精神，促使政府、投资者、旅游者、各类人才对城市形成完整的认识，促进品牌偏好，进而达到实现城市品牌战略以及城市营销的目标。

城市 CI 中的 VI 是理念的外在视觉形象，理念识别通过视觉识别使其精神内涵得以完美体现。没有精神理念，视觉表现也只能成为毫无意义的装饰。因此，视觉设计要素的确定，要建立在对城市的历史、现状和未来的调查上，建立在广泛征求城市内外意见的基础上，要明确城市的特点和奋斗的目标，并通过象征的形象体现出来。VI 的基本内容分为基本要素和应用要素两大部分。基本要素主要包括城市名称、城市标志、标准色、标准字以及相关的标准组合等；应用要素主要包括文创、环境、建筑、景观、交通、服饰、广告等方面的应用设计和规范。

第一节　城市品牌中的精神系统

在大多数都市的人看来，城市精神似乎成了可有可无的一种形式，无关紧要，他们认为城市经济的发展才是检验城市发展的唯一指标。显然，这是一种错误的观念。

城市精神是城市之魂，是一种文明素养和道德理想的综合反应，是一种意志品格与文化特色的精确提炼，是一种生活信念与人生境界的高度升华，是城市市民认同的精神价值与共同追求，是城市品牌视觉形象的核心。城市精神是维系城市生存发展的原动力，是城市发展的哲学，是城市发展的思想基础。在任何一座城市，尤其是大城市，在城市品牌视觉形象建设时，都面临着如何体现本土文化和城市精神的问题。城市精神识别系统是城市的中枢系统，指挥并协调着城市行为识别系统、城市视觉识别系统、城市空间环境规划系统与城市管理与推广系统等的工作，这些层次关系已经成为它们所构成的核心理念，形成了城市非物质层面的内涵。

城市精神是城市品牌视觉形象的核心动力所在，确立城市精神就是确立城市的价值观和城市发展战略。通过城市精神的确立，以共同的价值取向和城市未来发展的信念，唤起市民主体意识的觉醒，推动城市文明的振兴。

一、城市精神识别系统

（一）精神与城市精神

精神在汉语中定义为人的意识、思维活动和一般心理状态。它是一种哲学名词。而城市精神最早是于20世纪90年代初由日本学者小川和佑在《东京学》中首次提出。城市精神，从某种意义看，是指一个城市中占主导地位、起主导作用的公民精神，其包含了形成品牌形象要素的全部基因。城市品牌视觉形象战略的实质不仅是要明确城市的精神，更要确保在不同的媒介传播、时间推演中保持品牌形象与其的一致性。

在中国快速发展的城市化进程中，城市精神必须与城市经济的飞速发展相适应，城市的发展不仅是单纯的城市硬件的建设，和谐社会建设和精神文明建设同样很重要，特别是要加强文化软实力的提高，以及文化的传播。城市精神涉及的范围很广，城市精神是城市价值观、公德观、民俗观、审美观等多个因素的综合呈现。

城市精神确立的依据，源于对城市的历史、现状、未来的深入理解，源于对城市政治、经济、文化、社会、人文、地理、风俗等多个方面的认识，并要深层次发掘城市地域文化的内核以及对竞争对手的多方位的全面分析，凝练出城市的品牌形象核心价值。

（二）城市精神与城市品牌视觉形象

城市精神是一个城市的灵魂，由环境、资源、文化、历史、经济等众多因素构成，是决定一个城市品牌视觉形象价值的核心要素，这些要素结合起来最终决定了该城市品牌视觉形象的本质内涵。

二、城市精神的内核

一个城市的城市精神并不是凭空而来，而是有一定的因素和由来的。例如，巴黎为什么以"浪漫之都"盛行，威尼斯为什么以"水上之城"闻名。归其原因，都是与城市本身具有的自然资源、文化资源、历史资源等密切相关。这些资源经过城市的长期发展演变，逐渐成为该城市独特的精神内核。

（一）价值取向

城市的价值取向集中体现为社会公德、职业道德、家庭美德、个人品德这几个方面。社会公德精神主要表现为良好的公共道德和公共秩序。从这方面来看，某些小城市的硬件设施并不比大城市差，但为什么这些小城市的城市品牌视觉形象却没有一些大城市的好呢？归其原因，主要是由于公民价值取向引起的。于是，这就对城市精神建设有了启发：要想一个城市的精神有所提高，必须提升全体市民的社会公德。职业道德虽然表现为个人的一种精神状态和面貌，但是整个城市的职业道德不是单个人就能树立起来的，而是靠我们每一个有职业的人以身作则树立而来的。同样这也适用于家庭美德和个人品德这两方面。

这些都是设计和谐社会的基础，也是城市精神形成的重要因素。

（二）人文精神

人文精神主要体现在两个方面，一方面是指城市发展的一切目标都是为了给人类的生存和发展提供更好的空间和环境，同时，城市的发展是由人类所创造和延续的，城市的发展也必须依靠人。另一方面是指每个城市都应该拥有自己独特的文化品位和人文特质魅力，因此不同的城市会使人们感受到不同的气质。

三、城市品牌精神系统的特性

城市品牌精神是在城市精神的基础上提炼出来的，并存在一定的特性。

（一）差异性

品牌形象在不同的城市有着自己与众不同的呈现方式，有的城市主打自然资源，有的城市专注历史文化资源，而有的城市则看重该城市的经济技术层面。每个城市都有自己不同于其他城市、独具一格的亮点之处。这些亮点是不同于其他城市的独特之处。现在，就有不少城市存在这种情况，争先地模仿其他著名城市的品牌特色，使自己的城市品牌变成了四不像，最终泯然众"城"矣。可见，发展一座城市，就要有自己独特的城市特色，与其他城市要有明显的区别。而且这种特色要与本城市的文化自然紧密相连，使非本地的居民能通过品牌形象联想到该城市。只有这样，该城市的品牌视觉形象构建才是成功的。

城市的差异性可以说是城市的特色，也可以说是城市的个性。城市的差异性既可以说是自然的差异，也可以说是来自人文的差异。前者偏重自然景观之类的可感观的特色，后者则偏重无形的城市心理和文化氛围。只有紧紧把握住差异性，我们的城市品牌视觉形象才能在众多的城市之中脱颖而出。

例如曲阜这座城市，虽然是一个县级市，却有较高的知名度。这座比新加坡略大，比香港特别行政区稍小的一座城市，为什么会有这样的知名度呢？归其原因，主要是这座城市拥有丰富傲人的、数以千计的历史文化遗产，曾一度被人称为"东方耶路撒冷""儒家圣城"。谈及曲阜，首先映入我们脑海的便是孔子、儒学。世界上再也没有哪座城市像曲阜一样，与孔子、儒学的联系如此之深，并且这些文化得到了很大程度和范围的传播。正是由于该城市独特的历史文化价值，才使得曲阜这个名不见经传的县级市成了备受瞩目的"儒家文化之城"。

（二）规范性

建立了差异性的品牌形象，下一步必然要采取相应的措施，使得城市的品牌形象规范地运营下去。如果缺乏必要的制度和规范，滥用城市品牌，随意地借助品牌形象开展一些盈利的生意，久而久之，会使得城市品牌视觉形象偏离正轨。

城市品牌视觉形象的管理取决于城市内部，它是一个较为统一的整体。在运行的过程中，需要来自多方的全力配合。这种配合不是单纯的上传下达这种机械化的配合，这种配合要反映到我们的一言一行之中。由此可见，城市品牌视觉形象规范化的过程并非一项简单的过程，它需要凝聚广大市民的团结协作的精神，只有心之所向，才能有所披靡，才能在与其他城市的竞争之中占据一席之位。

总之，在如今城市激烈竞争的世态面前，如何规范城市品牌视觉形象，成为城市必然要关注的问题，同时也是城市品牌视觉形象焕发持久活力的重要源泉。

（三）持久性

一个城市发展，只有规范性得到了保障，才能使其持续地发展下去。由此可见，持续性也是城市品牌视觉形象发展的一大特性。

引用他人的一句话："今天的城市也将是未来的城市，是稍近的或者较远的未来城市。所谓的城市是比较'迟钝'的。[1]"这足以说明了城市的品牌形象不是一个稍纵即逝的形式，而是具有持久性、长期性的特点。

持久性包含两方面的内容。一方面是指城市的发展要有可持续发展的概念。纵观古今，随着人类社会由农业社会到工业社会再到现代信息电子社会，这些转型是社会发展的需要。俗话说经济基础决定上层建筑，经济的发展必然会带来上层建筑的变革。城市的发展也不例外，城市要想在时代的更迭中一直焕发出生机，必然缺少不了可持续发展的战略方针的指导。可持续发展，就是既要满足当代人的权利，又不损害后代对其资源获取和消费的权利。

城市的发展也要如此，传统的经济社会发展模式，只知道一味地追求经济的增长，注重发展的速度而忽略了经济发展的质量，最后由此带来的环境和资源上的恶果，将会对城市的可持续发展带来致命的打击。现如今，我们应当及时扭转工业时代的短期思维，应该把眼光放长，追求城市的长期利益。由此，我们必须把人口、资源、环境和经济这四辆马车协调统一起来，有效地采取相应的措施，来推动城市的可持续发展。

另一方面是指城市的发展应该与该城市的历史紧密地结合起来。既要"以史为鉴"，又要紧跟时代潮流，不落窠臼，还要展望未来，提前

---

[1] 余明阳、姜炜：《城市品牌》，广州：广东经济出版社，2004年，第108页。

规划。目前，城市的发展应该从本城市的历史渊源中找出精华部分，再结合当代的发展背景，不断地更新。

以德国鲁尔区为例，该地区是一个传统的工业区，曾经在工业革命时期发挥了巨大的作用。但随着第三次科技革命的到来，传统的鲁尔区面临新科技的冲击，使得鲁尔区经济直线下滑。面对这样一个食之无味弃之可惜的传统工业区，德国政府采取了针对性措施，通过产业结构的调整，在对老工业区改造方面走出了一条新路。如今的鲁尔区，是一个在完好保存原有景观的基础之上，发展为融遗迹观赏、旅游度假、文化娱乐、科学展览、体育锻炼、培训教育、商贸购物和市民宜居等各种生活化、娱乐化、休闲化为一体的区域。

（四）可执行性

城市品牌视觉形象的建立不是一句空头话，它的实现还需要有一定的执行力，这里的执行力指的是品牌形象的建设是否符合实际情况、是否因地制宜。

城市品牌视觉形象的建设是一项复杂的系统，涉及方方面面，包括经济、社会、教育、文化、制度、生态、环境以及市容市貌、社会风尚、民风民情、社会秩序、生活质量、历史文明等各个方面。所以要想建设提高城市美誉度的城市品牌，必然要考虑到它的执行力度。单凭纸上谈兵、追求审美的效益并不是构成品牌形象的全部。

城市品牌视觉形象的建设必然要因地制宜、因时制宜。对该城市品牌视觉形象的建构和设计，首先要对城市的地理资源进行适当的考察。这里的地理资源包括地质、地貌、气候、水文、植被等多种环境。其次也要充分考虑当地的人文特征，这里主要指的是当地的政治、经济、制度、文化、风俗习惯等各种民风民情。最后将自然与人文统筹起来考虑，然后落实到实际情况之中，这样才能使城市的品牌所体现的精神具有当地的特色。

其实一个城市品牌精神的体现远不止这些，但这四个特性是最为重要的，它们共同构成了城市品牌精神的重要部分。而这四种特性，它们不是单独存在、独立成型的，它们在城市品牌精神的建立、发展与维护的过程中起到了一脉相承的作用。只有牢牢把握这四种特性的联系性，城市的品牌形象才能弥足发展。

四、城市品牌精神的集中体现

精神系统是城市文化的精华，是城市品牌视觉形象的核心内容，它体现着一个城市统一的精神面貌。城市精神作为城市长期社会实践的精神积淀，成为市民认同的精神纽带、心理依存和行为导向，成为城市的思想基础的基本内涵，是城市发展的精髓所在。城市精神是城市的思想观念、价值观念、历史文化的综合反映，是城市政治、经济和文化在精神领域的集中体现。

从系统架构的角度来看，城市精神系统的精神文化价值观主要包含城市发展观、审美观、价值观。

（一）城市发展观

所谓发展观，就是在城市进程中对城市发展脉络和怎样发展总体系统的认识。城市发展观作为市场经济背景下城市良性运营的宏观战略，其行为方法应与城市的整体战略趋势相适应。城市发展观可以说是在城市精神作用下的城市发展理念体现，城市发展观决定了城市发展的模式和方法。目前，实现城市经济、社会生态环境综合效益的最大化，就要使三者和谐发展。可持续发展已成为全球人类发展的共同纲领，已成为城市发展的共识。

（二）城市审美观

人类在改造世界的不断实践中逐渐产生了审美，审美观就是以审美的角度看世界。同时，审美伴随着城市的发展而逐步深化，最终形成了城市独有的审美观。

审美包含主观美和客观美两个部分。主观美是指人类对城市品位的追求。这种追求不是短时间就可以形成的，而是经过了人类社会长期的发展，积淀了人类丰富的物质成果逐步发展起来的。因此，当人类对城市产生关注，并认同其美的价值的时候，也就是对自己的劳动成果进行的肯定和满足。

客观美主要体现在城市的客观物质形态对美的呈现与展示上。城市的客观美包括了人文情怀美、人居生态美、建筑景观美等几个方面，三者的完美统一才是真正的城市美。城市审美是衡量城市品牌视觉形象的标尺，因为只有美的形象才能够被受众所认知和接受，才能形成该城市的品牌形象。黑格尔曾说过："美的生命在于现实。"确实，只有一座城市独特的审美体验吸引了观众，并在观众心目中留下了现实、不可磨灭的印象，才会使观众的心中形成该城市的品牌形象。

（三）城市价值观

孙湘明教授认为城市的价值观是指城市发展的价值取向，以及城市主体存在的意义及重要性的总体性评价。城市价值观是城市精神的具体形态，有什么样的价值观就有什么样的行为方式和活动准则[1]。从某种意义上看，一座城市的价值观也是绝大多数市民共同价值观念的体现。

五、城市品牌精神系统的塑造方法

（一）确定城市核心理念

城市理念是一个城市精神识别的核心，理念奠定了一个城市有别于其他城市的特色，这一理念使得该城市有了可识别性。城市理念是将城市赋予人格化，给予城市一种独一无二的价值符号。城市理念的形成对

---

❶ 孙湘明：《城市品牌视觉形象系统研究》，北京：人民出版社，2012年，第154页。

城市整体印象的构成起到了牵引的作用。城市理念集聚城市市民群体的价值、信念、道德准则等各个要素，它一旦形成，就具有很长的持久性，不易受到外界因素的影响而发生改变，具有稳定持久的特点。

所以要想树立一个城市的品牌精神，必须先确立该城市不同于其他城市核心的理念。怎样创造出符合本城市、本地区的核心理念呢？关键在于寻找城市的精髓所在。理念型城市必须遵循以下几种特性，才能真正有"作用力"。

首先，城市理念的定位要因地制宜。准确性是城市品牌理念设计要首先考虑的问题，离开了准确性，一味地追求美、雅致、情怀等，是很难体现该城市的特色的。所以城市理念的确立，一定要立足于实际，立足于本城市独特的自然和人文资源，充分调查与考虑，做到两者的完美结合。只有这样，对资源的利用和开采才能有价值，对理念的形成才能有裨益。否则必然导致城市精神的形成和城市发展的现实有所冲突，造成资源的浪费、人力的浪费、资金的浪费，得不偿失。

其次，城市理念的形成要讲究独特唯一性。理念不是商品，切不可采取从众心理。理念除了要根据实际的情况做到因地制宜外，还要有别于其他城市的品牌精神定位，这是十分重要的。显然，由于其地理环境的相似性，有的城市品牌理念的形成会或多或少地相似。这就是需要我们注意的，在确定城市理念的前期，我们必须调查好相似城市的品牌定位，这里的相似，不仅是指自然环境的相似，还包括经济发展水平、人文面貌等方面。只有广泛地收集不同城市的品牌理念，通过对比、筛选、总结，再结合自己独特的自然人文资源重新设计属于自己城市独一无二的理念。独特性在中小城市中尤其要值得相关工作者的注意。

最后，讲究创新性也是一个城市必须时刻牢记的一大特性。这里的创新性绝不是耸人听闻、哗众取宠的口号，是在原有城市精神理念的筛选总结过后，取其精华，再结合本城市的特点，寻找新思路、新方法，新突破、新表现，避免一些空洞的行为口号。因为口号是因时而生，运用的时间具有稍纵即逝性，难以适应城市长久发展的需要，所以，要想使城市长久持续地保持一种形象，口号是万万行不通的，必须要有有别于口号的理念，这个理念要有深刻的内涵，彰显着这一城市独特的价值魅力，才能有长足的效果。

总之，只有统筹考虑这几种特性，做到协调统一，才能促进城市理念的合理形成。理念是一所城市的指明灯、引路人，没有一个适宜的理念作向导，城市精神难以形成，城市也不可能获得长远的发展。

（二）明确城市品牌精神的战略目标

"战略"一词，据词典释义，它泛指对全局性、高层次的重大问题的筹划和指导。战略不同于战术，战术是为了达到战略目标而采取的具体的行动，是为了实现战略的一种短暂、局部的手段。而战略却不同，它是一种长期性、长远性的谋划。

那么什么是城市品牌精神战略？引用中南大学教授孙湘明的一句话："战略性城市精神是根据城市自身发展的条件、城市发展的性质、城市发展目标，在合理统筹城市各要素的基础上制定出的城市发展的总体性战略，并有计划、有步骤地实现城市长期预定的目标的过程。"[1] 由此可见，城市品牌精神战略不是一项短期的任务和工作，它是一项长期的计划。

城市品牌精神战略包含城市内部和城际间战略两个方面。城市内部主要是指城市发展战略规划要着眼于相应的城市战略形象建设，明确在不同的时间段，城市该采取怎样的形象宣传策略，怎样采取这些策略以及采取这些策略后会取得怎样的效果，这都是在城市品牌视觉形象的战略中需要考虑的。

六、城市精神系统与其他系统的联系

以城市精神为基础提炼的精神系统是整个城市品牌视觉形象系统的

---

[1] 孙湘明：《城市品牌视觉形象系统研究》，北京：人民出版社，2012年，第154页。

内核，城市精神系统除了集中表现为城市的整体价值观及城市市民的价值取向外，还与其他的识别系统有着巨大的联系，城市的视觉识别、行为识别、空间与环境识别都是精神系统的媒介和外延形式。

城市精神还与该城市的市民的行为密切相关。引用孙湘明教授的话来说："城市精神外延于城市行为识别系统，作用于政府行为、企业行为、公民的个人行为和城市的大型经济与文化活动中的动态形象塑造。"❶城市不是一栋栋建筑堆砌起来、毫无生机的实体物。城市由凝聚的城市精神组成，由每一个市民的精神文化气质构成，每个人的所作所为，都在塑造这座城市的精神文化。

城市精神还作用于城市的视觉识别系统。视觉系统具有静态、形象的识别性，是城市精神的形象物化的形式，也是城市精神传播的物质媒介，是看得见、摸得着的具体事物和规划形象。城市的精神集中体现在这些看得见、摸得着的内容上，这些内容由该城市的精神凝结而成，到后来又宣扬了该城市的精神。这体现了马克思主义的辩证法——物质决定意识，意识反作用于物质，并对物质起能动的反作用。

城市的精神同样也和城市的管理和推广有着密不可分的关系。城市的管理和推广必然需要一个共同的想法。而这个想法必然又要体现城市的总体印象和特征，于是，城市品牌视觉形象的精神便凝结而成，成为该城市管理和推广的核心价值理念。

第二节　城市品牌行为识别系统

行为（behavior）在不同的学科，有着不同的释义。行为，是一个心理学名词。根据相关词典定义："行为，是有机体在各种内外部刺激影响下产生的活动。"而在笔者看来，行为是基于一定的情景时做出的

---

❶ 孙湘明：《城市品牌视觉形象系统研究》，北京：人民出版社，2012 年，第 154 页。

反应。根据行为产生的原因，行为可分为个体行为和群体行为；而行为就目标与动机在意识里的明确性与能动性，又分为意志行为、潜意识行为和娱乐消遣行为三种。

现如今城市化现象日益明显。进入21世纪，这似乎成了一种发展的趋势。随之而来的城市竞争也日益激烈，这就使我们思考这样一个问题：如果在城市的发展过程中，不考虑城市差异化的影响，一味地模仿抄袭，造成城市品牌视觉形象的同质化明显，这样，城市将面临或多或少的危机。城市与城市之间面临着资金竞争、人才竞争和市场地位竞争。一个城市只有在激烈的竞争环境中处于有利地位，才能推动城市的持续发展。因此，各个城市为了提高自己在市场竞争中的地位，纷纷建立、发展自己的城市品牌视觉形象，以求得在竞争中抢占发展的先机。

城市行为识别系统是一个较为复杂庞大的系统，隶属于城市管理的一部分。城市通过管理，规范人们的行为，使之形成一种规范。这里的规范不仅是由传统行为遗留下来的，也有新时期新时代为了顺应潮流发展起来的。传统行为主要是一些基于传统文化形成的礼仪举止，例如"礼尚往来""谦卑有礼"等传统的礼仪。而如今的行为包含的范围更加广泛。广到城市市民个体本人、家庭本户的一些行为习惯、清洁行为……都属于城市行为系统中小小的一般部分。在不同的城市里，有着不同的行为习惯，比如北方人爱吃面，南方人爱吃米，这就说明了城市的行为习惯具有地域特色。俗话说"一方水土养一方人"，这也不是没有道理的。

城市行为识别系统是城市品牌视觉形象的基本要素之一。它不同于精神识别系统，城市行为识别是一种动态的识别系统。"城市是人类物质文明和精神文明在一定时间和空间的聚集"[1]。所以，城市品牌视觉形象的建设除了要充分考虑城市的精神系统外，行为系统也是不可忽略的。

---

❶ 仇宝兴：《地区形象建设理论与实践》，北京：人民出版社，1998年，第138页。

城市行为识别也是城市理念和精神的行为体现，城市理念内化成一个城市市民的行为，反过来又会通过城市市民的行为表现出来。由此可见，城市行为识别与城市精神、城市理念有着一个循环往复的联系。互相推动，互相促进，共同推进城市品牌视觉形象的持续发展。

行为识别是一座城市所特有的价值观与社会组织、机构共同凝练所形成的一种外在表现形式。行为识别包含政府行为、企业行为和个人行为三种，是城市精神系统的外在表现方式。城市借助于城市的行为信息来传播城市特定的理念、价值，同时也会更加规范城市各个组织的行为。

"形象"一词根据《辞海》里的定义被解释为形状、相貌之意。形象往往与事物的本质特点紧密地联系在一起。城市行为是一个城市总体的行为特征。二者的关系是：城市行为彰显了城市的整体形象，城市品牌视觉形象又反过来推进城市行为的逐步发展、完善。由此可见，两者是相互联系，密不可分的。要想割裂其中的联系，必然导致城市的形象发展不尽如人意，同时城市行为也会止步不前。

城市行为与形象是指一座城市群体和个体行为的总和，并以此传达给公众的形象特征❶。城市行为是一个庞大而复杂的文化系统的表现，是城市管理中的一部分。城市是人创造的一种基于地域而形成的环境，这个环境又是主要由人所组成的。这个环境和人是互相依存的，以人为主体的城市行为是一种人文和环境的统一体。因此，城市行为需要进行规范的管理，形成该城市独特的行为形象。

一、城市品牌行为识别

城市行为识别（CBI，City Behavior Identity），根据先前的有关学者

---

❶ 杜进：《城市品牌视觉形象的识别要素研究》（硕士学位论文），长沙：中南大学，2008年，第23页。

定义——是指城市化行为、活动功能的设计，他把静态的、形态化的城市品牌视觉形象加以人格化、动态化、功能展示化❶。城市行为识别推动城市精神系统、城市视觉系统的塑造并使之更加完善，形成一个城市独有的个性特征。城市精神内化于城市行为之中，通过城市市民的行为、各机构的组织模式、城市的经济文化活动等充分地表现出来。城市行为是一种存在于物质和精神之间的中介。这里的物质表现为城市的视觉系统。视觉系统是一种看得见、摸得着的显在而静止的系统，而行为系统则是一种动态的系统，它既可以看得见，又不能完全看得见，处于精神系统和物质系统之间，所以说它是一种中介。

城市行为系统识别是把城市理念、精神系统变成现实的行动，外化在城市市民、组织的机制、政府的政策等与城市有关的行为之中。城市行为系统是用以规范管理城市的内部行为的。为了加强城市各部门之间的联系，必须塑造统一的城市行为系统。

二、城市品牌行为识别系统的特性

（一）整体性

整体性是指城市行为识别要做到与城市精神识别、视觉识别和其他识别系统的各个要素和谐统一、相互促进的完整统一体。它们统一构成一个完整的城市系统，共同为城市的品牌形象发挥独有的作用。整体性是城市行为中极其重要的概念，如果能用规范化的行为模式整体地传递城市的信息，使大众在一致信息刺激下形成统一的印象，便可有力地增强信息的可信度，从而扩大城市品牌的效应❷。城市行为的整体性就是要建立在该城市系统的统一中，只有这样才能改变城市信息传递上不规范、相矛盾、相异的现象，从而达到理念、精神、行为和视觉上的一致性。

---

❶ 肖保英：《城市品牌视觉形象的行为系统识别研究》（硕士学位论文），长沙：中南大学，2007年，第18页。
❷ 孙湘明：《城市品牌视觉形象系统研究》，北京：人民出版社，2012年，第154页。

（二）文化性

文化，是一种客观存在的现象，是人类物质文明和精神文明的产物。而我们所说的城市文化，无非是一座城市的生活方式和行为准则在一个城市内部的存在和外在显现。

一座杰出城市的诞生，必然是有着一种杰出文化的引领，每一座城市都有独属于自己的文化。城市行为识别既是一种社会行为，又是一种文化行为。一个城市的行为文化，是城市文化的外在表现。由于城市社会组织及其制度的多样性，也决定了行为文化的多样性。城市行为文化的多样性也决定了城市需要规范制度、规范管理。所以，无论是物质层面的城市建筑物的建设还是精神层面的法律法规和政策的制定，或是市民的道德素质、价值观念，都需要基于一座城市的文化根基，立足于人的需要、以人为本，充分发挥一座城市独有的人文魅力和文化习惯。

（三）差异性

差异性体现在每个城市都有自己城市独有的文化内涵，每个城市都根据自身城市的历史传统、自然资源、经济发展水平等，来统一地规划出符合城市需要的、并且有别于其他城市所独有的城市行为模式和行为系统。只有做出有别于其他城市、独有的行为模式，才能彰显出该城市独有的文化魅力，才能在城市竞争中占有一席之位。

城市的独特性也就是城市的个性，个性来源于何处呢？当然与该城市独有的人文、历史有关。俗话说"一方水土养一方人"，说的就是这个道理。城市在发展的过程中，必然要汲取该城市历史遗留下来的人文传统之中，根植于这些传统，城市行为才显得与众不同，带有着本地的文化魅力，才能体现该城市的个性。例如成都市民生活节奏相比较一些东部城市，就显得慢得多了，归结原因，是由其历史文化所决定的。

（四）区域性

区域性既指一个城市区域范围之内不同于其他城市的个性，又指区域内的组织（如政府或者企业内部的组织结构）或者个人通过日常的行为举止、组织机制所表现出来的基于区域核心理念外化的行为。区域性分为两个部分：对内和对外的行为识别。对内的行为识别一般包括一般公众的行为和素质、城市公共服务的规范、环境保护和服务态度等；而对外的行为识别则是指基于城市区域性向外延伸的部分，比如旅游、交通、餐饮、宾馆等的服务实施和规范，都是本城市区域的对外行为识别的外在表现形式。这些是城市迎接外来宾客的外在表现形式，其形象和服务质量势必直接影响外来的公众对城市区域的印象。

城市行为识别的区域性，必须是城市的经济、城市的管理、居民素质、城市文明、基础化设施的建设等综合统一体。

三、城市品牌行为识别系统的构成

（一）政府行为

政府行为是指政府、国家行政机关及其工作人员通过对经济和社会事务进行管理的各项行政活动。城市的政府行为是一个城市最具有代表性的行为体现，是一座城市最重要的行为识别之一。政府行为规范运作的重要性表现在这几个方面：首先是政府的行为具有代表性。因为政府本身就具有代表民意的作用，政府在城市品牌视觉形象的建设中起着主导的作用，对城市的规划、城市的发展起着决定性的作用。其次是政府的行为具有引导性。这里的引导性指的是政府通过制定各种规范、规章制度来指导市民的规范、城市的发展，进而塑造一个良好的城市品牌视觉形象。

政府的行为归结起来有这几个识别特性：

（1）政府行为受外部环境影响和制约　这些外部的环境条件包括社会制度、经济与社会发展水平。

（2）政府行为具有双重性特点　即政府行为既有阶级的属性，同时又有社会的属性。

（3）**政府行为对经济、社会影响深远** 经济、社会的运行和发展，是由人类社会行为所推动的，而人类社会行为是由政府行为、市场行为和公众行为所组成的。在政府行为、市场行为及公众行为三者中，政府行为居于主导地位。

（4）**政府行为涉及范围广泛** 政府行为一般是通过政策的制订、修改、变更来进行的，这种政策小至一个部门或产业，大到整个国家经济生活，它不对个别企业或个人实施。政府行为价值取向要求政府行为体现公正、高效、规范、廉洁，这是设计政府城市行政品牌，创建诚信政府的需要❶。

因此，政府行为为了实现公平、公正、廉洁、高效的价值取向，必须要将这些价值观融入政府所制定的规范与制度中，以政府的行为形象来体现政府良好的整体形象。

例如深圳，这座城市作为改革开放的试验区，充分利用这一政策的优势，政府在深圳这所城市的规划上采取"一站式办公"，充分考虑这座城市的特有的资源、政策优势，打造了一个高服务规范化、科学化和精细化水平的城市。

（二）企业行为

"企业"根据相关的解释可定义为："从事生产、流通或服务活动的独立核算经济单位。"❷ 企业是一所城市市场经济活动的基本组织形式，是城市财富的创造者和推动者。而企业行为是指企业为达到一定目标而采取的特定行为方式和行为活动的总和。企业行为识别分为内部识别（指企业对内部的员工行为、管理方式的识别等）和外部识别（指企业对外的企业营销活动、企业文化推广等）。

1.企业的对内行为识别

（1）**员工行为** 指企业内部的员工在企业理念的指导下所形成的

---

❶ 杜进：《城市品牌视觉形象的识别要素研究》（硕士学位论文），长沙：中南大学，2008年，第21页。

❷ 辞海编辑委员会：《辞海》，上海：上海辞书出版社，1999年。

行为方式。通过企业内部人员的行为方式，可以看出不同企业的核心理念，有利于加强对企业的理解与认识，同时也有利于企业的规范经营。例如，青岛的海尔集团一直在员工内部渲染并塑造高品质的服务水平，最终落地服务，得到了销售者的一致认同。

（2）**管理方式**　管理方式指的是企业为达到一定的目的，在企业精神、理念的支持下所采取的一系列规划和策略。一个企业能否成功，在很大程度上取决于该企业是否有着适宜的管理方式，这对企业的长期发展至关重要。良好的管理可以有聚集资源、促进销售、吸引投资等众多的优势。因此企业的经营管理是一个统筹的行为活动，在一定程度上反映了该城市的城市行为方式。从企业的可持续发展的角度来制定管理的方式在企业建设中显得格外重要。例如，伊利集团在乳制品行业占据鳌头的地位，与该企业推行可持续发展是分不开的。伊利集团的可持续发展分为品质为基、创新助力、全链共赢三个方面。正是这三个方面的相互配合，使伊利企业成功入选"企业可持续发展100强"。

2. 企业的对外行为识别

（1）**企业营销活动**　指企业为达到一定的销售目的通过一系列广告营销活动、公关活动等来建立消费者对企业整体印象的一种形式。营销活动最大的任务就是使消费者认识到该品牌，并对品牌产生一定的好感度，进而信任整个企业。

企业作为城市品牌视觉形象塑造的主体之一，是城市行为识别中重要的组成部分。企业的营销活动在一定程度上也会对该城市的城市行为产生一定的影响。例如，良好的企业口碑必定会给城市带来免费城市品牌视觉形象的推广和知名度的提升。再如，阿里巴巴企业作为杭州的一个电子商务企业，该企业的发展，促进了城市的知名度在全世界的提高。

（2）**企业文化推广**　企业不仅承担着一所城市的经济活动，而且在一定程度上还承担着传播文化的功能。这种带有企业性质的特定城市文化，不仅会推动企业的可持续发展，还会促进城市文化的传播，促进城市知名度的提高。企业通过积极参加公益活动和一些社会活动，既会扩大企业文化的传播，也会促进城市文化的传播。例如，青岛啤酒文化就很著名，这个企业强调精神、制度和物质三个层面，这三个层面共同塑造了青岛啤酒与众不同的企业文化。

（三）公民行为

公民行为识别是带有城市某种特定的个体或者群体行为方式的总称，城市公民的个体行为方式是群体行为的基础。群体行为由一个个的个体所组成，良好的个体行为会对群体行为有着一定的促进作用。

1.个体行为

城市是由一个个的公民个体所组成的，公民的个人形象、个人的道德行为素养、个人的行为规范共同促进着行为方式的形成。个人形象要求在塑造城市公民行为的时候，要培养、塑造个体典型的形象，创造性设计个人的社会价值及文化价值，并致力于提高公民的整体素质，进而提高公民个人的道德行为素养。例如，政府可以通过城市的知名人物来宣传规范的个人行为，正是因为大众明星对社会具有非凡的示范效应，发挥其"意见领袖"的作用在城市化建设中显得尤为重要。许多城市经常把名人作为形象和信息传播的制胜法宝，政府借助他们所特有的知名度向公众更好地宣传城市的品牌形象。例如刘若英为浙江的乌镇代言，该城市以其为主人公拍摄了宣传片，给看过的人留下了深刻的印象，塑造了该城市一种独特的文化气质。

2.群体行为

群体行为是自由的、自发的个人由于特定的目的聚集起来的集体行为。城市生活中的群体行为，通常具有鲜明的特性，如自发组织、随意性极大、从众性明显等，因此对群体活动进行规范对塑造城市行为识别系统具有重要的意义。

群体行为规范是城市行为规范的基础，是对城市品牌视觉形象的重要组成部分，对城市品牌视觉形象的好坏与否有着直接的作用。例如北京市为了缓解交通出行的压力，制定了单双出行的规定、买车摇号的规定。这些规定是为了规范城市的群体行为，也是为了该城市的发展。

城市群体在不同的城市空间有着不同的表现。城市正是在长期的社会实践的基础上形成了各具特色的行为模式，这就要求在城市行为建设中要充分发挥政府的作用，应以政府为主体倡导城市独特的生活行为方式，形成一座城市独特的识别系统。

（四）城市活动

城市活动是具有动态识别的城市行为。城市活动以动态的、不断发生的各种活动以及与这些活动相联系的行为形式构成了城市的动态行为识别。城市活动包含有城市节日、城市公益活动。

1.城市节日

城市节日是指城市文化资本中各种传统的、人为的或混合型的节庆活动❶。城市节日由一系列仪式、会展、节庆、演出等构成。城市节日又分为公共节日和特色节日两种。每个城市都会有自己城市独特的风俗习惯，基于城市独特的地域特色，创办一个属于自己城市的节日，就是公共节日。这些节日在一定程度上对城市行为识别产生了重要的影响，并且也有利于该城市品牌视觉形象的塑造。

公共节日的识别性主要体现于市民在节日的参与过程中，这些节日都是市民共同的价值习惯、审美爱好所培养出来的，例如春节、元宵节等都是象征一种合家团圆的伦理道德观。

城市特色节日是指除了法定节日外的独一无二的城市本土地域类节日，比如海南的欢乐节、黎族苗族三月三节等。这些特色的节日具有一定的识别性和象征性，同时也可以反映一座城市独特的行为识别方式，最终服务于城市品牌的塑造。

---

❶ 宋月华：《城市行为识别系统研究》（硕士学位论文），长沙：中南大学，2009年，第 163 页。

城市在不断的发展过程中，基于一定的社会背景和人文风俗逐渐在本区域形成了自己独特的节日。例如傣族的泼水节一般在阴历清明前后十天左右举行。在这一天人们泼水表示祝福，希望用圣洁的水冲走疾病和灾难，换来美好幸福的生活。人们用各种各样的容器盛水，奔走在大街小巷，追逐嬉戏，逢人便泼，这逐渐成为傣族的一个传统节日。海南省陵水黎族自治县的泼水节，也成了陵水旅游文化发展中重要的节庆活动，对陵水的品牌形象塑造也起到推动的作用。

2.城市公益活动

城市公益活动是指一定的组织或个人对社会产生公共利益的活动，如一些社会公益活动和一些主体性的公益活动，包括政府、企业等主导的公益活动等。社会公益活动主要包括一些保护环境、帮助他人、公益捐款、慈善活动、知识普及等活动。例如地震或水灾后，社会各界人士纷纷举办救灾的公益活动，为灾区捐款和筹集物资，帮助受灾地人民重建家园。城市公民纷纷参加这次公益活动，不仅增强了一所城市的凝聚力，也增强了一个国家的凝聚力。

主题公益活动大多是基于一定的目的和特定的目标所举办的公益活动。这类公益活动是企业通过赞助、捐赠等形式为社会作了贡献，增强企业的知名度和美誉度，同时也具有一定的营销特征，例如，2015年世茂集团与百度等公司联合发起了"关爱重症孤儿"的"公益一小时"，让孩子笑起来的公益活动，网友只需要到活动页面点赞一下，就能为需要的孩子争取到一元钱的捐款。

第三节　城市品牌视觉识别系统

21世纪随着城市化进程的不断加快，人类文明向城市品牌视觉形象建设逐渐渗透，城市的建设不仅局限于城市基础设施的建设，而且更加注重城市品牌视觉形象的建设。独特的城市品牌视觉形象，不仅可以传达城市的内在精神和人文内涵，更是城市经久不衰的无形资产和精神财富。

在城市品牌视觉形象的创建中，城市视觉识别系统便是其中很重要的一个部分。城市视觉识别系统是城市内涵的外在表现形式，是城市品牌视觉形象传播的物化载体，是城市精神的传播媒介。通常我们将城市视觉识别系统分为以下三个部分：视觉符号系统、视觉信息系统和视觉色彩系统，这三个系统是城市实体要素、属性要素及文化要素等的有机结合。

一、城市品牌视觉识别系统的原理

城市品牌视觉识别系统的设计及传播，其主要目的就是迅速准确地传达城市文化和信息，从而建立良好的城市品牌形象。城市视觉识别系统的功能主要体现在视觉传播上，因此就要考虑传播的及时性、准确性及有效性。但传播需要受众进行解码接受和记忆，因此城市视觉识别系统同时又要兼顾受众的认知和记忆效果，这样就需要依靠信息的完整性和可识别性。城市视觉识别系统是以视觉传达为基础的，但要达到预期效果，要以视觉心理学、符号学和色彩学三大学科原理为支撑。

（一）视觉心理学原理

我们可以说视觉形象的识别与视觉心理学有着密切的关系，而掌握了心理学知识，也会对于城市品牌视觉形象塑造的整体把握有所帮助，为城市视觉识别系统的设计提供了理论基础。那么，以视知觉为对象而进行的一整套心理学研究，就是格式塔心理学理论（Gestalt），也被称为完整心理学。格式塔认为，所谓"形"是经验中的一种组织或结构，与视知觉密不可分。从视觉心理学上来讲，城市视觉识别系统就是通过视觉感知原理作用，从而在人们大脑中形成对于城市的总体"形"的印象。简而言之就是形成对于城市的一种感知觉，即凭着感知和记忆完成城市品牌视觉形象的再现。

人们对于视觉形式的感知分为感觉和知觉两部分。感觉是人们在感知对象时呈现在视觉部分的直观生理感受。在人的五官与感受对象的构成关系中，只有视觉感官是最接近事物实体的，其最大优点在于它具有极强的可见性特征和再现性功能，而这种再现功能是最符合人的认知需求的。可见性特征和再现性功能之于多元空间和多元文化构成的城市感觉是不可或缺的。

知觉是人们在感知对象时感觉经过大脑在视觉基础上的高级处理，使人能组织获得的视觉信息并确认。知觉是以感觉为基础的，但又高于感觉，是感觉的进一步发展，同时视知觉和人的经验密不可分。视觉存在主动性，能够主动地摄取外在事物的形象，它似一座桥梁，将这些信息汇总给大脑，从而使大脑产生某种感受，这是人们通过有目的的观看而达到的求知的目的，它不同于那种旅行中漫不经心走马观花式的观看，而是有意识地去捕捉信息，并借此形成对于城市的综合认知。由观赏而导致的需求满足是个体求知的源泉。

视觉结构重组是对视觉过程本质的一种认识。研究认为，大脑获得的视觉信息与眼睛看到的视觉信息并不一致。眼睛看到的信息是眼睛真实接收到光点的刺激，并把它们转化为神经信息。但是在眼睛看到的视觉信息向大脑传递的过程中，信息进行了极大的简化，以致使大脑获得的信息仅是眼睛接收的信息中极少的一部分。但是，大脑并不因为缺乏信息而无法对视觉信息做出正确的判断，它可以把大脑以前保存的视觉信息与新接收的视觉信息加以重组，得出准确的判断。

视觉重组的最典型例子是缺掉一些笔画的字，人们仍旧可以辨认出它们是什么。这里面，重组不仅要靠以前的视觉资料，也靠有关的其他资料，还要靠联想、想象、推理等思维活动的参与。因此，视觉的信息重组，即视觉不是眼睛看到的信息全部送到大脑的过程，而是眼睛看到的部分信息与大脑原来的视觉信息，经过思维等活动实现重组的过程。

在城市品牌视觉形象的设计中，图形应该尽可能地完整、简洁，但又要有足够的信息量，能够将城市品牌形象呈现在公众面前。城市信息是否能够被公众接受，这和城市视觉识别系统的设计能否被公众理解接受有很大的关系，这其实就是城市视觉识别系统的设计能否和受众的心理信息接收能力相吻合。因此，城市品牌设计者要尊重格式塔原理，充分了解人的视觉感觉与知觉感觉的特点，才能设计出更为优秀的城市视觉识别系统。

（二）符号学原理

人们对于城市视觉识别系统的解读，也是通过对视觉符号的识别来进行的。视觉符号被认为是携带意义的感知，在品牌系统里，意义要用符号来表达，符号的用途是表达意义。这个主要体现符号与意义的锁合关系，这里指的符号是经过设计的视觉符号。既然意义不可能脱离符号，那么意义必然是符号的意义，符号就不仅是表达意义的工具或载体，符号还是意义的条件，也就是说有符号才能进行意义活动，意义不可能脱离符号存在。因此，为了定义"符号"，我们必须定义"意义"，要定义"城市符号"，必须要定义"城市的意义"。符号学原理为城市视觉识别系统的设计提供了科学的设计思维模式。

人类对于城市品牌视觉识别语义的解读，首先取决于对城市品牌形象符号的视觉感知，然后通过大脑的分析与想象，辅以一定的文化知识、审美经验得以认知，从而实现城市品牌视觉识别系统与受众之间的视觉沟通与互动，城市识别系统的意义也在于此。

（三）色彩学原理

色彩学的原理是城市品牌视觉识别系统里最重要的部分，它与符号系统是密不可分的，色彩系统性与识别性是视觉设计的重要依据。色彩具有帮助人认识和识别视觉形象的功能，人们在日常接受外界刺激时，视觉感官所接受的信息量达83%以上，而通过色彩获取的信息量排在首位，所以可以说色彩是最具信息视觉传达功能的要素。色彩是视觉过程中最活跃的、最直接的因素，也是最能引起情感共鸣的因素。

城市视觉色彩的心理暗示分为直接心理暗示与间接心理暗示。色彩的直接心理暗示表现为从视觉上我们直观色彩表面而引起的感应，发展到心理上的体验和联想。需要注意的是，不同的人对颜色喜好和心理感受程度都不一样，不同的色相、明度及纯度对不同人的视觉心理作用是有差别的。在人类文明演进中，色彩除了实用功能以外，还被赋予了某些特殊的意义。比如黄色在中国古代就是皇室帝王的象征，显示着华丽与尊贵。这些都是根据不同的社会背景以及文化背景而延伸出来的色彩的性格。城市视觉色彩也是如此，被赋予了城市文化、历史等的独特风格。色彩的相关联想是色彩存在的一个重要原因。通过色彩产生联想，引起人们对于某个事物的回忆，这种感觉直接作用于心理，是色彩在"物化"基础上建立起来的一种心理效应。色彩的直接心理暗示有的时候也是通过对比显示的，因为有些事物的属性并不是非常明显，而通过对比就能显现得明确而清晰。

色彩的间接心理暗示是指人在受到色彩刺激之后，由印象、经验、体验所产生的联想，并通过联想媒介，作用于大脑神经中枢产生的一种心理联觉。例如当心情平缓的时候，红色给予人们温暖的感受，但如果是在紧张的情绪或环境中提及红色人们更多联想到的就是血腥与暴力。

城市视觉识别系统在建立的时候必须要考虑其色彩体系，包括主体色、辅助色、主色调、色彩的搭配以及色彩的具体运用等。色彩作为最主要的视觉识别要素之一，在确立城市风格、创建城市品牌视觉形象上有着不可替代的作用。

综上所述，城市视觉识别系统是基于视觉心理学、符号学与色彩学等原理基础的。这些原理不仅是城市视觉识别系统的基础构成，也使城市品牌视觉形象系统在交叉融合中逐渐成熟并形成了自己的体系。

二、城市品牌视觉识别系统的内容

从商业品牌的角度看，品牌视觉识别系统主要包括基础系统和应用系统，基础系统有标志、标准字等，应用系统有办公用品、交通、服饰等。城市品牌视觉系统从具体应用上也包含这些因素，但从另外标准来看的话，城市品牌视觉识别系统主要是由城市视觉符号系统、城市视觉信息系统以及城市视觉色彩系统三者构成的。城市品牌视觉形象主要是通过视觉识别系统来传达城市所具有的政治、经济和文化等城市信息为目的的。信息的视觉化传播方式不仅是社会发展的客观需求，而且是城市视觉识别系统所必需的方式，通过城市视觉符号来识别城市品牌成为必然趋势。

（一）城市视觉符号系统

1.解读城市的视觉符号

在城市品牌视觉形象的构建中，在城市精神内涵的基础上设计该城市的视觉符号是关键。城市视觉符号作为城市视觉识别系统的核心要素，是城市内涵和意义的主要视觉载体，是城市品牌视觉形象的核心动力，构成了城市的视觉文化整体现象。城市视觉符号往往能够直观地反映城市视觉识别的特性，将抽象的城市精神与城市内涵以特定的视觉形式呈现出来，进而被公众认知和记忆。因此，优秀的城市视觉符号往往能够直观准确地传达出城市的品牌形象。

（1）**城市视觉符号与城市品牌视觉形象**　城市视觉符号有广义和狭义之分。广义上指的是城市所有的二维以及三维物象象征符号，狭义指的是视觉传达意义上的视觉符号，包括城市标志、IP形象以及辅助图形和其他城市象征符号等。本书里主要是狭义的视觉符号，该视觉符号是将抽象概念转化为被视觉感知的符号，往往以图形、文字等为体现的元素，加以设计创作，形成新的视觉符号。通过城市视觉符号可以获取城市精神、城市行为和城市空间环境的内涵等信息；通过城市视觉符号将城市品牌视觉形象实体化、有序完整地呈现出来，有利于提高城市整体的品牌识别力，从而增强城市的竞争力。

（2）**城市视觉符号与城市标志**　城市标志应该体现出城市的核心

以及内涵，是城市视觉符号系统中非常重要的核心组成部分，甚至许多城市的视觉符号就是特指城市标志。城市标志一般也称为城市LOGO，是以一座城市的精神内涵为基础设计出来的图形标志，是一座城市与其他城市区别性的主体符号。对某些有行政权力的特定城市来说，城市政府的特定徽标也是它们的城市标志，代表着城市的整体形象，但随着城市发展和传播多元化的需要，越来越多的城市都构建了独立的城市品牌形象标志及其系统，或者是城市旅游形象标志及应用。

（3）城市视觉符号与城市象征物　象征物更多会是实体物，为某种抽象概念、特殊意义和思想感情的物体。城市象征物通常以建筑形式、代表性物体、语言符号、仪式动作等视觉形式体现，具有一定的象征意义，比如北京的天安门、广州的"小蛮腰"和五羊雕塑、海南的天涯海角等。不同地区、不同民族因其文化背景的不同而拥有着不同的象征物。城市象征物一方面可以弥补城市标志在形象传达上的不足，丰富城市视觉符号内涵；另一方面可以成为城市品牌视觉形象的有机组成部分。比如说一想到法国巴黎就会想到埃菲尔铁塔，埃菲尔铁塔就是巴黎的城市象征物之一。

2.城市视觉符号的内核——城市LOGO

城市LOGO是城市品牌视觉形象的核心符号，是从城市内涵元素的集合中提炼出来的典型的城市视觉符号。城市LOGO作为城市精神的主要载体，以符号语言和具体的视觉形式展现城市的历史文化、发展成就和现状风貌。它不仅是城市的视觉象征，还是城市灵魂的载体。城市LOGO以符号的形式体现了信息时代城市的形象特征。

（1）城市LOGO的视觉特点　城市LOGO是通过创造特定的视觉符号，并给其赋予价值和意义而形成的，因此城市LOGO具有人工创造的特点。

在创作过程中，给城市LOGO赋值具有开放性的特点，也就是说城市LOGO的设计以及阐述过程具有多义性。这种多义性既是指城市客体本身具有的多义性，也是指城市标志在设计呈现过程中也是有多层意义维度的。因为一个城市LOGO只能代表唯一的某所城市，所以能指和所指的关系是固定的，而城市LOGO在设计的过程中，由于贯穿着设计者的主观意愿，所以就造成了符号的开放性。

城市LOGO对于赋义而言，是具有确定性的特点的，是指它所承载的视觉语义是属于某一特定城市的，这一点在设计之初就应该十分明确，虽然后期可以稍做修改与调整，但最好一旦确定下来还是不要改动为好，这样一方面可以避免混淆，另一方面也可以提升公众信服力。城市LOGO的理念源于所指的城市，不同的城市赋予符号的意义是不同的，当然赋予受众的视觉感受也是不同的。

（2）城市LOGO的类型 城市LOGO是城市的核心价值的视觉化要素，是城市品牌视觉形象识别的主要构成部分，不同类型的城市所设计的城市LOGO也有不同的理念倾向，按这个标准，可分为理念体现型、人文体现型、地域体现型和战略体现型等不同类型。

①理念体现型城市LOGO：是指城市LOGO侧重于城市独特的精神理念、价值观、哲学思想、文化价值等。城市理念是一个城市的灵魂，城市精神是城市文化的核心。该类城市LOGO是将城市理念这样抽象的概念通过图形的创意具象到一个标志图案里，通过简洁的视觉元素使城市精神得以体现并深入人心，使人们产生认同感与归属感。

②人文体现型城市LOGO：是指城市LOGO在意义上侧重于体现城市的人文风貌、历史文化等各种文化现象。所包含的文化可以是城市的历史文化也可以是现代文化，可以是高雅文化也可以是通俗文化。城市因人而存在，因此城市的人文素质、人文内涵则是一个城市的生命与灵魂。同时需要特别强调的是，人文内涵与城市的传统历史文化紧密相关，传统历史文化是其本源和血脉，一个城市的文化通过历代的传承造就了不同于其他城市的文化特质，形成了一个独特的文化特色，这决定了城市的发展方向和城市形态。城市LOGO绝不是单纯的一个图案，而是将城市精神融入，给城市人文内涵赋值，形成可以体现城市性格的完整又具有意味的城市符号。总之，这类型的城市LOGO主要体现城市文

化，城市文化寓于城市 LOGO 之中。

③地域体现型城市 LOGO：这类的城市 LOGO 主要是以突显城市的地理地貌特征、地域形状特征、气候特征等要素为主。由于地理位置的不同，不同的城市有各自特色的城市风貌和自然景观，每提起一个城市，很多时候人们首先想到的是它所在的地域环境特点，比如桂林山水、热带海岛等。因此，很多城市向外传播时常以地域特征为主要形象的区别体现，城市的地域环境自然也成了标志构成的主要形象要素或意义，并自然地让人们产生关联性联想和深刻的印象。

④战略体现型城市 LOGO：这类城市 LOGO 是指根据城市的发展规模、战略定位、长远规划等作为 LOGO 设计创意的主要依据。城市 LOGO 不仅可以代表城市的过去的发展脉络、现在的发展现状，也可以寓意未来的发展愿景和趋势。战略体现型城市 LOGO 集中地体现了城市的发展战略和发展方向的诉求，深化了城市的发展战略与战略意图，符合这类城市的传播需求。

总之，城市 LOGO 的设计寓意是多维度的，但每类别的 LOGO 都有主要的表现点，既要符合城市的发展思想、服务领域和社会发展水平，又要与历史文化、地域特征等紧密结合，从而体现出一个城市的风貌与整体精神，只有这样，每个城市才会具备自己独特的性格，从而产生区分，避免城市发展的趋同化。

（3）城市 LOGO 的视觉形式　城市的品牌形象传播离不开传播媒介，而一个城市的 LOGO 作为城市品牌视觉形象的重要视觉要素，要求适应不同宣传路径的需求，于是在平面设计的基础上，结合现代科学技术，根据不同传播环境和媒体需求，应体现出不同的视觉形态。

从设计的视觉表达形式看，城市 LOGO 有二维和三维的形态呈现，二维的城市 LOGO 是平面的呈现方式。二维标志多具有简约的造型特点，可以方便应用和利于传播，能适应主要的传播媒介。同时二维标志具有简单的形式美，这种意象美体现在视觉符号的象征性上，离不开丰富的想象和审美意念。

二维的城市LOGO是立体的呈现方式，三维城市LOGO多使用透视原理，运用阴影、投影以及线条的粗细变化从而形成立体的效果。三维标志的立体化，更容易引发人们的联想与想象，也更适用于城市建筑与雕刻中，从而丰富了城市LOGO的展现形式。

随着科学技术的发展与人们审美水平的提高，多维标志也出现了。此类标志多用于互联网、户外电子媒体等媒介，使城市标志在时空上有了新的外延。多维标志多因其动态的特点使传播效果更加生动传神，传达的内容也更丰富，在传播媒体的选择上也更多样，从而易给受众留下更深的印象，达到较好的传播效果。虽然目前多维形式的城市标志还是少数，但这与它之后的流行发展并不冲突，甚至发展势头良好。

（4）城市视觉符号的文化功能　城市视觉符号可以说是一个城市的标签与名片，是一个城市风貌的物化展现，它是城市文化的重要组成部分，又代表着城市文化的价值取向，并成为一种新的城市文化现象。城市视觉符号主要有以下几种文化功能。

①城市性格的阐述功能：每一个城市就像一个人，不同的人有不同的性格，城市也是如此。每个城市由于其人文历史、地域环境、风土民俗的不同而产生了自己独特的性格魅力，作为城市视觉形象核心的城市视觉符号，就具备了彰显城市性格的功能。城市视觉符号化的设定过程，其实就是用感性的眼光考量城市性格，从文化的视角感悟城市的发展。城市视觉符号本身具有鲜明、简洁的艺术形式，承载着丰富的城市文化内涵，展现不同的城市性格。

②城市文化的感知功能：城市文化往往以抽象的形式存在，城市视觉符号是城市文化的视觉物化载体。城市视觉符号通过物化的视觉艺术形式将抽象城市文化概念传达给观众，成为人们识别和认识城市的重要方式。每个城市都有自己独特的文化特征，受众通过城市视觉符号来感知这些文化特征。因此，在创作视觉符号时，我们需要对城市文化有深刻的理解，才能创造出真正体现城市文化象征意义的城市视觉符号。

③城市精神的传承功能：城市精神是城市哲学观、价值观以及文化

观的综合反映，是一种城市意志品格与文化品质的凝练。城市视觉符号的设计融合了城市精神，进行城市精神的展现与传递，在这种情况下，城市视觉符号不仅是城市精神传承的承载物，还是构成了城市的无形资产。

（二）城市视觉信息系统

城市的秩序离不开我们赖以生存的视觉信息，城市生活节奏加快，使人们对于视觉信息系统的重视程度越来越高。城市品牌最直接的视觉体现就是它的形象标志和一系列的视觉规范。信息的全面性与及时性使得城市管理决策效率大幅加强，因此现代城市显现的、有秩的、规范的空间环境，需要通过统一的、功能明确的城市视觉信息系统来实现。

城市的秩序与我们赖以生存的视觉信息是密不可分的，城市生活节奏的加快使得人们越来越需要甚至是依赖视觉信息系统。一个城市品牌的视觉信息体系中，信息的审美性、直观性、全面性、及时性等大幅提高了城市管理和决策的效率。因此，现代城市的层次化、规范化空间环境需要通过统一的、功能清晰的城市视觉信息系统来辅助实现。

1. 城市视觉信息系统的特点及功能

视觉信息系统既有信息的功能体现特征，又有视觉识别的特征，所以说是城市视觉识别系统的有机组成部分，体现出其应用特征。

（1）城市视觉信息系统的特点　城市视觉信息系统不仅体现了城市视觉识别系统的重要应用特征，而且体现出了其独特的个性特质。

①城市视觉信息系统具有系统性：系统性是指城市视觉信息系统在设计创造之时，并不是零散的一个个部分，一方面它本身应该是一个完整的体系，另一方面它应该与城市其他系统相辅相成，共同体现城市精神，成为城市的重要组成部分。

②城市视觉信息系统具有功能性：功能性是指通过城市视觉信息系统的规划、设计和布局等要突出信息传播的功能，聚焦主要投诉目标，使受众容易快速、准确地理解和接受。城市视觉信息系统要发挥其作

用，就必须是一个功能性很强的系统，也就是说功能性是城市信息系统设计的重要原则。

③城市信息系统具有针对性：针对性是指城市视觉信息系统针对不同的空间环境、受众人群等具有不同的交流方式，在设计时要充分考虑到目标受众的特定心理特征、行为特征以及接受习惯等。

④城市信息系统具有文化性：文化性是指在城市信息系统创造时，需要结合城市文化来进行创造，可以利用优秀传统文化以及当下的文化内容进行加工创作，形式风格尽可能与周围的城市整体相协调，体现出城市的文化特点。

（2）城市视觉信息系统的功能 城市视觉信息系统的功能体现在其有助于科学化、现代化的城市建设，有助于城市品牌视觉形象与城市建设的融合。一个城市的现代化文明程度，蕴藏着公众对城市现状及发展的整体印象和总体评价，而社会民众通过听觉、视觉等对城市进行感知的过程是非常重要的。一方面，城市视觉信息系统是城市空间建设的重要构成部分，与城市空间等硬件发展形成了相互联系，赋予了城市极富个性的特征，从而达成一种非物质的公众认同；另一方面，城市视觉信息系统可以通过信息视觉化的形式来规范与管理城市，从而有助于建立良好的城市空间环境秩序，有助于规范城市行为。

2. 城市视觉信息系统的分类

视觉信息系统是近几年才形成的一个合成名词，其含义分解后可以分为城市导向系统、城市标识系统、城市导视系统、城市指示系统、城市标记系统等。而在日常生活中最为常见的两类便是城市导向系统和城市标识系统。

（1）城市导向系统 城市导向系统最初表现为城市交通导向和城市视觉导向。城市交通导向是出现最早、发展最完善、功能最明显、普及率最广的城市视觉信息系统，交通导向可以分为城市交通节点导向以及城市交通道路导向。

（2）城市标识系统 在视觉传播中，经过创意设计的文字或图形，形成用来进行指引信息传递、识别、辨别等用途的符号以及相应的系统，称为标识系统，而出现在城市中的标识即为城市标识，其具有形象、象征、表征的意义，主要是通过标识牌的形式出现。城市标识系统可以分为城市公共服务标识、城市文化标识、城市公共管理标识。由于城市视觉标识系统涉及的范围和领域较广，服务对象也因人而异，因此，为实现无语言文化障碍的信息交流，就必须对视觉标识进行规范和标准化设计，以满足普遍需求的视觉沟通。

（三）城市视觉色彩系统

在城市视觉识别系统中，色彩是最能让观众产生深刻印象的设计元素，它是构成城市品牌视觉形象的重要识别元素之一。城市视觉色彩不仅能展现一个城市的文化内涵、审美情趣和气质特征，还能展现一个城市的社会文明与进步。

1. 城市视觉色彩的功能

城市视觉色彩的识别性是切入其功能的一个重要点。城市视觉色彩不仅可以提升人居环境质量，美化环境，也可以承载城市历史文化内涵，比如北京的红墙碧瓦就极具历史特色；同时，城市视觉色彩也提高了城市的视觉管理水平，整个色彩系统规划可以提升一个城市的外在风貌，也会提升居民的生活幸福感。

2. 城市视觉色彩的特性

（1）城市视觉色彩的分类具有复杂性　不同城市有不同的设计规划理念以及人文自然环境。从色彩与自然环境角度，城市视觉色彩分为自然色、半自然色和人工色；从色彩搭配角度，城市视觉色彩又可以分为协调色、对比色。

（2）城市视觉色彩的规划具有宏观性　城市物质环境规模巨大，涵盖范围极广，在进行色彩规划时不同于具体的个体色彩设计，要考虑色彩的明度、色相、纯度关系，要考虑色彩的搭配和用量，要考虑城市空间环境与人们的行为体验方式等。同时城市宏观的特性决定了城市视觉色彩规划要充分考虑给人类带来的时间和空间感受。

（3）城市视觉色彩的内涵具有人文性　城市视觉色彩的选择不是随意的，是基于城市精神与城市内涵的，是服务于广大人民群众的，色彩既是地域文化的载体又是解读城市文化的媒介，同时也是城市文化的有机组成部分，而且在相当程度上影响着城市的色彩本体建设。

3. 城市视觉色彩的结构

城市视觉色彩可以分为城市的主体色、辅助色与点缀色。主体色就是一个城市总体色彩的大基调。辅助色便是与主色相呼应的色彩组合，比如在整体的城市色彩规划中，道路、桥梁所选用的颜色一般都是城市的辅助色。点缀色一般是指与城市主体色产生强烈对比的颜色，往往以点的形态出现，通过与主体色形成反差从而增加城市的色彩丰富度，提高视觉冲击力和城市视觉活力。

4. 城市视觉色彩的设定原则

在设定城市视觉色彩时，一方面要遵循对比原则，包含色相、明度、纯度等方面的对比，通过色彩的对比增加城市视觉色彩的跳跃，丰富文化景观。另一方面也要遵循协调原则，即在色彩设定上虽然颜色具有多样性，但总体风格应该保持一致，并与城市精神与内涵保持一致，各景观协调统一，形成一个有机的整体。

国家"资源节约型、环境友好型"两型社会建设的战略设想，对城市视觉识别系统提出了更高的要求。高效、节能、低碳、服务成为现代城市发展的必然趋势，通过品牌形象建设来增强城市综合竞争力，提高城市文化软实力。良好舒适的城市品牌色彩能够充分展示出城市的独特性格，在推动城市资源节约和环境友好方面具有一定的辅助作用。

三、城市品牌视觉识别系统的特性

21世纪人类进入信息时代，科技的进步和生活节奏的加快，使人们更倾向于把思维的抽象事物变成实体的物化图片，人们正逐渐步入快

73

速消费的读图时代。同理，在城市建设上，城市信息的图像化也逐渐成为趋势。城市信息的可视化构成了城市的视觉形态，使城市形象可以被视觉感知。城市可视化是指人们按照视觉传达的原则，通过象征性的色彩、图形等视觉元素，将城市信息转化为视觉可感知的形式，进而使受众更方便地通过这些视觉符号获取城市信息。

视觉化构成了城市的品牌形象，不仅是城市品牌视觉形象的外化体现，承载了城市的精神与文化，同时也由于视觉语言形式的独有特点，可以突破语言文字等地域束缚，实现跨地域的交流。可以说视觉城市是现代城市的发展潮流。城市视觉化包含了两部分，首先要将抽象的事物物化，让受众看到，这是可视性；其次要让受众理解明白产生认同甚至归属感，这是可读性，这也是城市品牌视觉化的最终目的。

（一）可视性

城市的可视化通常可以分为城市精神的可视性、城市行为的可视性以及城市信息的可视性。

1. 城市精神的可视性

就像国家拥有自己伟大的民族精神一样，一座城市也会拥有其独特的城市精神。城市精神可以说是一个城市的灵魂所在，是一个城市文明素养、道德素质、人文风貌的综合反映，是为市民所认可的价值观与发展观，展现的是一个城市的气质。

城市精神的可视化是指城市将理念通过口号、标语、图案等展现出来，让人们一下子能接收到城市的内在气质，从而产生认同感或归属感。例如重庆市的城市精神"登高涉远，负重自强"，作为一个生长在山上的城市，重庆并没有因为其地貌复杂而阻抑自身的发展，反而依山靠山、因地制宜地形成了自己独特的"山城文化"，在山城上茁壮成长，其城市精神的阐述使人们对城市内涵一目了然。

2. 城市行为的可视性

城市行为的可视性是指通过图标、符号等将城市的行为文化视觉化，从而规范影响市民的行为。科学研究表明，任何行为都是某种信息的表现形式，人类接收外界信息的过程中大多数是属于视觉类信息，所以将城市行为规范以视觉化形式呈现出来，可以提高有效信息的传达率，提高规范引导的效率。例如许多城市在景点挂出"禁止拍照"等牌示，就是属于规范大众行为的视觉化符号，这种视觉化信息往往会比语言文字更直观有效。

3. 城市信息的可视性

城市信息包括物质信息和非物质信息。城市信息的可视化是以视觉传播为基础的，涉及人机工程学、心理学、建筑学、交通运输学等学科原理。它通过具有信息传播功能的图形、文字和符号的传播，作用于人的生理视觉器官，通过视觉反射产生视觉联想。城市信息可视化对于解决城市交通、公共空间人流秩序等，促进人与人、人与物、人与环境之间的沟通，提高环境质量，规范人的行为，提升城市品牌的视觉形象具有非常重要的作用。

（二）可读性

城市的可读性是通过城市的视觉符号进行认知和解读来实现的。城市的可读性取决于城市的文化和品质。

1. 城市文化的可读性

城市文化特性和文化底蕴是一个城市的独有标签，是塑造城市品牌视觉形象的基点，也是城市视觉识别系统的依据。城市文化所具有的多样性、独特性、包容性是城市可持续发展的原动力，是城市可读性的内涵。

城市文化的可读性是通过视觉符号的传达性来体现的，人们通过符号的观察、解读、演绎、推论、定义、记忆等一系列连续的心理活动来认知城市的文化信息。避免城市品牌视觉形象单一化的方法，就应该从城市的本体去识别其文化性格，同时也可以提升城市的凝聚力。因此每一座城市在实施品牌形象战略的时候，都要深入了解城市的文化和特色，从而确定城市发展的定位方向。

2. 城市品质的可读性

城市品质是指一个城市在人们心中的气质和品格，它可以使人们更为深刻地感受城市，并更好地理解和解读城市信息。由于每个城市的地理环境与历史环境等因素的不同，塑造了风格迥异的城市气质，例如对多数人来说北京是大气的，上海市奢华的。由此可见城市的品质和气质可以用视觉符号来进行传达，这也就是所谓的城市品质的可读性。

四、城市品牌各系统之间的联系

城市品牌视觉形象识别系统由精神识别、行为识别和视觉识别这三部分组成。城市品牌形象构建，在整合城市各要素及其外部环境条件的基础上，创作出一套完整的、可行的、符合城市发展的品牌视觉形象方案，通过各个要素及其所构成的系统，来提升一所城市品牌视觉形象的知名度和名誉度。

城市精神识别是指城市一切政策和行为的内在核心，它是一个比较抽象的概念；行为识别是指城市的运行状态以及城市内政府、企业、公民个体或群体的一种对内、对外的行为方式，它包含了很多方面，比较复杂化。而城市的视觉识别是一种显在的识别系统，是一种看得见、摸得着的识别系统，比较直观化。这三者既相互独立又相互作用，形成了一个有机的整体，共同促进，从而形成一个完整统一、相对稳定、持续发展的城市品牌视觉形象组合体。

总体说来，如果割裂这三者的关系，各个识别系统"单打独斗"，必然会使行为、精神、视觉发生一定的脱节，长此以往，必然不利于城市品牌视觉形象的长期塑造，不利于城市的持续稳定发展。

第四章
城市品牌形象的
视觉呈现

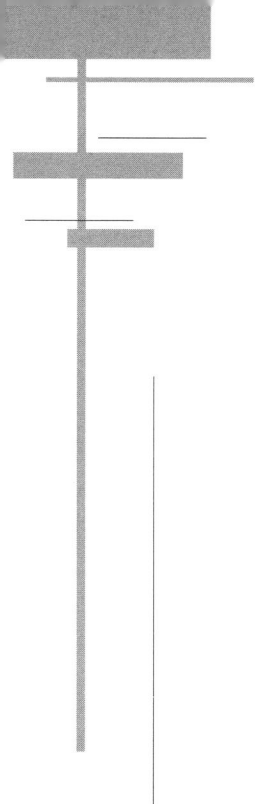

一座城市的品牌形象的视觉呈现有多种类型，包含图像符号系统、文字符号系统、色彩符号系统等，这些符号系统跟城市的历史、文化、地理、建筑、景观等有密切关系。

第一节　城市品牌形象中的视觉符号

一、图像符号

图像符号系统所涵括的内容很多，人对事物的感受多数是来自图像性的视觉符号，因此它与文字符号系统、色彩符号系统相比，更具冲击力和形象表现力，每一个城市图像符号系统都由一些城市中的自然和历史人文元素构成，以此突显图像符号系统的象征意义。

（一）城市人物

城市人物是构成品牌形象的重要部分，由城市人物的知名度提升城市品牌视觉形象的例子也有很多，比如湖北秭归的屈原、山东曲阜的孔子等，均已成为对应城市的品牌形象。城市人物通常分为以下几类：

1.政治家、经济学家、文化学者、教育者

历史上存在于此城市中的著名外交者、政治家、工商领域名人、文化领域的创始者等，为城市发展作出了巨大的贡献，可能成为城市品牌视觉形象的代言人。在当下，政府部门领导、各行业中的领袖、文化学者可对城市品牌发展提出睿智见解，从而影响城市品牌视觉形象架构。

2.艺术家、文化名人、体育健将

艺术家、文化名人、体育健将这部分人物均为一个城市文化体育领域中的知名人物，在各自行业领域中为城市生产出了物质和精神性共存的事物，也是城市文化的重要组成部分，他们逐渐描摹了城市品牌视觉形象的边际。

3.老居民

老居民是城市特色的重要组成部分，他们的生活方式、工作习惯、地方口音，都承载着一个城市的历史、文化，老居民的视觉符号也成为城市视觉形象构建的重要元素。

4.新移民

新移民的行为、文化、精神特质会影响着下一批迁移至此城市的人，他们叙述着城市吸引力、城市优势，展现出的良好生活、工作环境，对城市品牌视觉形象的提升有不可比拟的作用。

（二）建筑景观和城市雕塑

城市空间是以建筑为主构成的，城市建筑物数量大、类型多，对人们视觉识别的刺激性强，能最直观地让人们感知，也最能表征城市的个性面貌，是城市历史的重要载体，特别是很多城市的代表性建筑会成为城市的地标形象。城市雕塑是城市景观形象以及城市公共设施的重要构成内容，是在物质结构形式上具有相对独立性的小型个体，比如，广州五羊雕塑、三亚鹿回头雕塑、西藏牦牛雕塑、兰州黄河母亲雕塑、深圳拓荒牛雕塑等，也包括上述城市人物中更具历史性的人物雕塑，也是城市文化的重要部分。建筑景观主要是较为大型的建筑个体或是群体，比如北京故宫、北京颐和园、上海东方明珠塔、西安钟楼、杭州雷峰塔、西安大雁塔、武汉黄鹤楼、郑州"二·七"纪念塔、澳门大三巴牌坊、长沙岳麓书院、山西王家大院和乔家大院、拉萨布达拉宫等❶。

---

❶ 江平：《城市品牌视觉形象塑造与传播研究》，武汉：武汉大学出版社，2018年，第112页。

（三）街区性历史遗迹

街区性历史遗迹主要为在建筑景观规模上连成片的地域、场所，包括城市中的遗留古镇以及步行街区等。比如上海老街和城隍庙、上海新天地、成都春熙路、厦门鼓浪屿、丽江古城、山西平遥古城、安徽宏村、苏州周庄等。城市的街区性历史遗迹是文化深厚积淀的地方，此中，包含着古老的城市建筑，留存着城市过去的生活习惯❶。

（四）自然植物与动物

自然植物与动物主要为标示一个城市自然地域特征、标示节令文化的花朵、树木以及城市标志性动物。这些动植物主要发源和集中生长在一个城市中，为城市品牌视觉形象架构提供了独特的元素。比如福州的榕树、长春的油松、喀什的圆冠榆、北京的国槐树、海南的椰子树以及厦门的白鹭、西藏的牦牛、卧龙的大熊猫等。

二、文字符号

文字同样是视觉符号中的一种，在传播塑造城市品牌形象方面起着不可或缺的重要作用。本研究课题有关城市品牌视觉形象的提升塑造方面，文字符号主要体现在LOGO中城市名称的中英文字体上，字体可能是城市代表性建筑、动植物、人物、文化元素等的变形和融合，将简单的文字信息转化为具象化的符号，承载城市品牌视觉形象；另外，文字符号还包括LOGO中系列广告传播语（包括体现城市核心价值、精神理念的城市总体传播语，城市经济形象传播语、城市旅游形象传播语、城市文化形象传播语），用简单的文字信息传达城市文化特质，快速构建一个核心的城市品牌视觉形象定位，强化稳定的统一的城市品牌视觉形象。

---

❶ 江平：《城市品牌视觉形象塑造与传播研究》，武汉：武汉大学出版社，2018年，第113页。

三、色彩符号

色彩符号系统在城市视觉符号中的作用非常重要，它用一系列城市色彩，囊括了城市的历史、气候、植被、建筑、风土人情、环境文化等多种因素，强调色彩的时空连续，体现一个城市的文化活力。在品牌形象传播方面配合城市的图像符号与文字符号，彰显独特的城市品牌视觉形象。

图形、文字、色彩三类视觉符号系统的集合，既有具象性内容，又有抽象性元素，全方位向外界传递独特鲜明的城市品牌视觉形象。随着市场经济深入发展，城市视觉符号系统能在更高的文化层次上激发城市经济活力，使城市新形象在更大范围内得到传播，扭转城市固化印象，促进城市文化资本可持续地发展。不得不说，构建城市品牌视觉符号系统也是对城市品牌进行科学化、艺术化管理的重要内容。

第二节　城市品牌视觉形象标志及相关图形

城市品牌视觉形象的构建，本质就是人对城市中可视的、可感知的、完整且具有感染力的视觉形态所产生的感受。城市LOGO、城市图形、标识符号、城市色彩、标志建筑等都属于城市品牌视觉形象的构成部分。国家与国家、城市与城市之间都存在着独树一帜的城市视觉风格，自CI理论被应用于城市品牌后，城市品牌视觉形象就是城市品牌识别的体现，在对城市视觉形象的要素进行创作时，其构成类别等可参考企业视觉形象识别系统。

一、城市品牌视觉形象标志的题材类型

现如今的城市品牌视觉形象设计已经不光是传统的旅游文化宣传，而是专门围绕城市各个层面探索、研究再设计，以构建一个完整体系的

城市视觉形象。目前越来越多的城市品牌视觉形象，已经向全方位、多角度、全领域拓展，并非只是官方的"标志形象"或"宣传片形象"。和设计某个品牌形象相比，设计一座城市的品牌形象是一个更浩大的工程，一个成功的城市品牌视觉形象需要了解这座城市的方方面面，如历史遗迹、现代建筑、市井生活、文化瑰宝等，从中提炼合适的元素进行创作，让当地人和游客能因发现它们的出处而会心一笑，激起他们探索的欲望。其中城市LOGO是城市品牌视觉形象的重中之重，也是城市发展到一定阶段会产生的必然产物。好的城市LOGO能简单明了地突出城市特色，有强烈的可识别性，这不仅易于城市品牌的传播，简单的图形设计也有利于城市LOGO在各种传播媒介上的使用。城市品牌LOGO的设计从主体题材上大致可以分为以下几类。

（一）城市建筑

城市建筑是城市物理空间主要的构成部分，很多城市的代表性建筑在市民甚至城市之外的人们心里是这座城市的代表，因此在城市LOGO设计创作时，该建筑的形象要素会作为主要视觉元素，应用到创作中。清晰的城市规划、特色的城市建筑、宽阔的林荫大道在城市视觉形象的塑造中起着至关重要的作用。建筑的功能性不仅满足了居民生活工作的需求，同样也反映了这个城市人民的精神追求与文化内涵。建筑对人的视觉有较强的冲击感，所以留下的印象也会比较深刻，应用到城市LOGO中有利于城市品牌视觉形象的构建和传播。

1. G20峰会会徽

2016年G20峰会的会徽设计是在历届G20峰会会徽的设计基础上，运用"G20 2016CHINA"作为LOGO中设计信息的主体因素，在保证可读性的前提下，尽量弱化了字体设计自身的气质特点，将原字体的特性降低到"无"的层面。这里用的主体形象不是现代建筑，而是杭州传统景观建筑桥梁，它不是一座具体的桥，而是一个符号，是一座指向性的桥，代表的是开放、包容和国与国之间的相互理解和沟通，这是一座精神之桥。诸如此类，还有很多赛事都是采用举办城市具有代表性的建筑作其会标。

2. 广州城市LOGO

广州最为著名的建筑是广州塔，因此其城市LOGO由"广州"二字组合成广州新地标广州塔的图形。进行LOGO设计时将"广州"的汉字形式与广州著名地标"小蛮腰"——广州塔结合，以视觉为媒介，以图形表现这座城市的独特气质。设计中两道圆滑的弧线相向且相交，整个图形表现出强而有力的张力且又笔直挺拔。整个造型如南来北往的飞鸟，又如驰骋向前的船帆，竖着的条纹似水流样式，体现一派千年商都海纳百川的繁荣景象，整个图形突显出了广州国际化、智慧型的城市风貌特征，也正与广州勇于尝鲜、追求个性、开放包容的城市文化特征相契合。极具辨识度和现代美感。

3. 上海浦东LOGO

上海浦东LOGO以最能代表浦东开发、代表浦东旅游发展进程的陆家嘴作为设计主体。通过陆家嘴地标建筑——东方明珠塔、金茂大厦、环球金融中心、上海中心，立体地展示出浦东魔幻、现代的都市形象。设计图案整体为一个正圆形，展现了海纳百川的和谐之美，给人一种温和圆融的视觉感受。圆形也代表了地球，寓意浦东面向全球，欢迎全世界的游客。

（二）城市历史风貌

城市历史风貌也是城市品牌视觉形象的代表之一，这些都是文化积淀深厚的遗迹，充满了历史和故事，是城市特色与文明聚集的地方。例如城市街道、城市景观、历史文物都是城市LOGO设计中常用的视觉元素。

1. 成都城市LOGO

成都的城市LOGO就是取自成都一个古蜀城市遗址发掘出的一块距今3500年的神话图腾——太阳神鸟。图腾作为古人信仰神或崇尚部落精神的一类图案，上面凝聚着古人文化艺术与精神追求。太阳神鸟代表成都灿烂文明的瑰宝，是成都建设国际知名文化之都的深厚底蕴，LOGO设计中，4只太阳神鸟寓意着四季的轮回，12道光芒则寄寓着一年12个月周而复始的哲理，丰富地展现出成都这个中国西南最富饶之地的璀璨文明。图案中独具包容性的环形与不断围绕圆心旋转的太阳，符合成都作为中国西部特大中心城市、西部大开发引擎城市，开放包容、活力无限的城市特质。

2. 中国香港城市LOGO

中国香港城市品牌视觉形象LOGO中的龙身是由香港的中英文名称组成，飞龙的流线型姿态给人一种前进感和速度感，象征香港不断蜕变、不断演进的进取精神。

在色彩应用上，主色系透过美术设计和色彩传达出澎湃的动力和不断前进的感觉，而黑色的色彩则体现中国书法的神韵。由飞龙延伸出来的蓝、绿彩带，分别代表蓝天绿地和可持续发展的环境；红色彩带勾勒出狮子山的山脊线，象征香港人"我做得到"的拼搏精神。彩带飘逸灵动，代表香港人的灵活应变，而缤纷的色彩则代表这个城市的多元化、富有活力。文字"亚洲国际都会"，正好点出香港所担当的重要角色。

（三）动物植物

1. 沈阳城市LOGO

沈阳城市品牌视觉形象标志主体部分采用沈阳市花玫瑰与中国传统吉祥图案祥云两大意象结合，具有明显的地域特征。玫瑰花代表了不畏严寒、无私奉献芬芳的城市精神，祥云图案则代表吉祥如意，呼应了"紫气东来"这一悠久典故，尽展沈阳作为昔日国都的辉煌风采。数片向四周绽放的玫瑰花瓣以及由祥云内部向外延伸的螺旋纹样，代表了日新月异发展的沈阳正绽放它特有的活力与魅力。

图案中心为沈阳故宫标志性建筑物"故宫大政殿"的建筑剪影，乾隆皇帝御笔亲书的"紫气东来"四字牌匾即悬挂于此，与外围围绕的祥云图案及印章呼应，祥云图案恰似于大政殿斗檐飞出，浓浓的"清文化"底蕴呼之欲出，也象征了沈阳是东北的"福地"。

2. 荷兰海牙城市 LOGO

海牙作为荷兰第三大城市，联合国国际审判法院就位于海牙，因此海牙被誉为"和平与正义之城"，因此海牙市政府很重视其城市品牌视觉形象的构建。最新的城市 LOGO 由戴有桂冠的盾牌，象征权威、力量和勇气的狮子，以及海牙荷兰语名称和海牙市徽——鹳鸟组成。盾牌两边的狮子图形运用色块拼合而成，这种表现方式体现了海牙城市及其市民多元化的生活方式。下边绿色的丝带写了"Vrede en Recht"（和平与正义）的城市口号。

（四）中英文创意字体

为了顺应城市的国际化发展需要，许多城市都更新了自己的视觉识别形象，城市视觉形象由偏图形化形式变换为更为简单、更具文字识别性的文字型视觉形象设计。

1. 杭州城市 LOGO

杭州城市 LOGO 以汉字"杭"的篆书进行演变，将城市名称与视觉形式合二为一。强调江南建筑元素，微妙地传达了城市、航船、建筑、园林、拱桥、水等特征。LOGO 整体像航船，运用江南建筑中标志性的翘屋角与圆拱门作为表现形式，体现了杭州的地域特征。以中国传统山水画的青绿色作为其标准色，表达了杭州优美的自然人文环境特征和山水景观的灵秀气质。

杭州城市 LOGO 是历史文化与现代时尚相结合，是地域特色和国际潮流相结合，是抽象符号和现实形象相结合，也是直观美感与实际应用相结合，体现"生活品质"的城市发展核心理念，体现"精致和谐、大气开放"的城市人文精神，体现"生活品质之城"的城市品牌。

2. 重庆城市 LOGO

重庆的城市 LOGO 展现了重庆"以人为本"的精神理念，突出重庆的"巴渝文化"。红色代表城市的刚强，黄色代表城市的时尚。"人人重庆"部分为两个欢乐喜悦的人，组成一个"庆"字，既道出重庆市名称的历史由来，又展现重庆"以人为本"的精神理念，传递出重庆人"广""大"的开放胸怀，更有"双人成庆"、祝愿美好吉祥的寓意，又如两人携手并进、迎接未来。

3. 武汉城市 LOGO

武汉简称为"汉"，是"江汉朝宗"之地，"汉口""汉阳"皆因汉水得名，武汉与"汉"血脉相连。武汉城市 LOGO 以繁体"漢"字为设计创意点，融入篆书写法。左侧三点水呈人形交叉状，指代长江、汉水，寓意上善若水，武汉得水之先天。右侧包含多个楚文化及武汉元素，上部为出土的楚国双联玉舞人造型；中部简化字体形成一个"中"字，寓意武汉处中国之中，是中部崛起的中坚力量；下部形如琴之座，寓意支撑武汉腾飞之基。整个 LOGO 以中国印的形式表现，以渐变式的"楚红"为主色彩，突出浓厚的楚汉文化韵味，同时采用水墨毛笔表现的"WUHAN CHINA"英文字体，给城名以灵动的国际化表达。

4. 泸州城市 LOGO

泸州城市 LOGO 在"中国酒城"的金色篆字印章的基础上，用反白的手法融入泸州的"泸"字，这个 LOGO 的设计摒弃了以汉酒器为原型的常规思路，与其他以酒闻名的城市形成区隔。LOGO 以泸州最响亮的名片——"中国酒城"为设计原型，总体风格为篆字印章风格，其匠心独运之处在于以"中国酒城"四字的部分笔画巧妙地拼搭出"泸"字。LOGO 造型简单大气，设计新颖独特，契合泸州底蕴厚重的城市气质，突显了泸州的城市定位。

5. 贵阳城市 LOGO

贵阳城市 LOGO 巧妙地将贵阳旅游品牌"爽爽贵阳"英文"Cool Guiyang"与中文"爽"字相结合。LOGO 以字体为主要元素字母"y"形成"爽"字的架构，同时又是一个欢快舞动的人，体现消费者的体验与感受；字母"y"也犹如畅通的道路，道路两边是城市与自然的美景，体现全域旅游的概念及贵阳优秀的交通条件；字母"i"的点变化为一片树叶，寓意贵阳优质的生态条件与森林城市的特点；贵阳的首写字母"G"变化为数字6，代表"6度城市"的定位。此外，印章代表贵阳的人文与历史，也是爽爽的承诺。标志的色彩取自贵阳的天空、河流湖泊、森林树木、城市的精彩与温度。

6. 日本东京城市LOGO

日本的首都东京是世界上名列前茅的国际大都市，同时也是日本的政治、经济、文化中心。2017年，东京对外发布了全新LOGO和口号"Tokyo Tokyo Old Meets New"。全新的LOGO由两种不同的字体呈现"Tokyo"，为了彰显城市传统特色，新LOGO中包括了一枚传统邮票上东京最新的观光地标——涉谷交通交叉路口，新城市LOGO将用于各种宣传活动，向世界有效地宣传东京的美丽风光。

（五）双关化元素

双关化的创作方法是利用城市名字创作出双关含义的视觉图形，并通过城市LOGO图形表现出来，这类LOGO设计在表现形式上更具趣味性，很多双关式的表达很容易让人通过LOGO形象，产生对城市品牌的联想，加深对城市某些特质上的印象，这也是现在设计师最喜欢尝试的城市LOGO的表现方法。例如London（伦敦），Lond+on（开启）单词的拆分，往往给人一种语义上的全新理解，寓意伦敦作为一座老牌西方大国，正在开启一种全新的面貌，焕发着新的城市魅力。又如Paris（巴黎）英文的拆分，将部分图形化，使得巴黎作为一个浪漫之都，在形象上更为生动，很好地贴合了巴黎在人们心中的形象。

所以，城市品牌构建团队在着手设计城市LOGO之前，首先要追根溯源，挖掘城市的核心特色，梳理城市文化，搞清楚城市未来的发展方向、产业结构和经济支柱，而且要弄清楚对于城市已有的文化资源应该倡导什么、鼓励什么、推广什么。这样才能更准确地抓住城市文化的精髓，更好地推导和提炼有助于城市发展的理念，然后再进行视觉上的创意设计，如此才能最大限度地释放视觉表现力的价值。

二、城市品牌视觉形象图形的表现形式

城市品牌视觉形象的图形包括LOGO、辅助图形及各种衍生图形等，城市LOGO的设计表现形式主要有具象图形和几何图形两类表现形式。

（一）具象图形表现形式

城市品牌视觉图形以城市LOGO为主要视觉形象，通过LOGO图形最为直观地展示城市特征。城市品牌视觉形象系统主要从基础系统和应用系统两方面来建构，因此除了主图形，还会结合一系列视觉辅助图形，加强城市视觉感受。在基础系统的设计上，主要以城市LOGO为基础，通过对LOGO视觉形象的图形、字体、色彩及尺寸等视觉形象识别要素的严格化定义，确保基础系统的完整和统一。城市LOGO的设计过程，就是城市形象精神文化内涵转换成视觉符号的表现形式的过程。城市品牌视觉形象定位的关键在于找到城市的差异，将从城市各个方面提取的元素符号进行艺术提炼和再创作，最终形成我们所看到的内涵清晰、形态完美的差异符号，从而形成完整的、规范的、极具个性的城市品牌视觉形象系统手册。

以纽约城市品牌重塑中的图形化设计为例，纽约通常会让人想起一些极具辨识度的元素，比如穿梭在纽约曼哈顿楼宇中的黄色福特维多利亚皇冠出租车。为了让纽约市民及游客，对纽约有更具象化的认知，纽约市发起了一项"品牌重塑"的项目。纽约市品牌视觉重塑的其他部分还包括一套图标和重新设计的色号。无视语言障碍，尽可能地与最多的受众进行沟通，基于纽约市标识几何结构的这些图标，为网站、地图、官方游客出版物等增加了视觉辅助。为了体现对比、活力与动感，纽约市旅游会展局的主品牌色——黑色一直与丰富的色彩相配，色彩的灵感来自城市本身，如黄色的出租车，绿色的自由女神像，蓝色的标志性希腊咖啡杯等。城市品牌重塑后的250个新图标，从卫生部门、公园到各种娱乐机构都有，图标将被应用于所有政府机构，部分标识甚至是机构

本身自行设计的。

图形标志有其传播信息的优势，它是一种特别强有力的工具，尤其是对外国游客来说，有很强的跨越地域隔阂的信息传递功能。

（二）几何化图形表现形式

在城市品牌视觉图形的设计中，为了更方便传播和应用，有相当一部分采用的是几何化抽象图形的表现形式。这种形式主要以点、线、面、体为主体，或以抽象图形，或以变体字体为载体，进行重复、渐变、对称、发射、突变、调和、均衡、正负、借用、回旋、分解、组合等变化处理。

1. 俄罗斯品牌形象视觉图形

俄罗斯品牌形象视觉图形设计灵感来自20世纪早期俄罗斯抽象绘画的主要流派，选择用"至上主义"的风格来代表俄罗斯。至上主义是俄罗斯先锋艺术运动的方向之一，不仅代表了俄罗斯国家层面的先进思想，站在全世界的角度也是如此。它绝对经受了时间的考验，成为今天俄罗斯视觉美学的标志。人们可以在这些几何图形上找到俄罗斯地图上对应的主要地区，由10个几何图形组成俄罗斯地图。

2. 澳大利亚墨尔本城市品牌视觉图形

墨尔本新的城市品牌视觉图形设计，以反映这座城市为国际公认的多元、创新、宜居和重视生态等特征为核心。时任墨尔本市长表示，新的城市LOGO等视觉图形将成为墨尔本的一个符号，它象征了墨尔本市的活力、新潮和现代化，墨尔本也将一如既往地保持这些特色。

3. 加拿大博洛尼亚城市品牌视觉图形

博洛尼亚是位于加拿大北部波河与亚平宁山脉之间的一座历史文化名城，是艾米利亚-罗马涅的首府，是意大利的第七大城市，也是意大利最发达、最古老的城市之一。设计师将26个英文字母赋予了另外一种语言。每个字母都有自己独立的一个几何图案，这个图案可能是单一的，也可能是对称的。而这些图案也代表博洛尼亚独特的地理位置，每个图案都可能象征着城市布局，塔、门柱等建筑物。当通过一个词组进行组合时，就会诞生一个丰富多彩的抽象图案叠加标识符号。用一种全新的语言来形容这座历史文化名城的灵魂。同时，博洛尼亚在网络开设了一个可以输入文字生成标志的平台。这样，每个博洛尼亚人都可以将自己的名字生成一个属于自己的专属名片标志。

4. 俄罗斯联邦巴什基尔自治共和国斯捷尔利塔马克城市品牌视觉图形

斯捷尔利塔马克全新城市品牌视觉形象的核心要素，源自三只在蓝色海边自由游泳的银鹅。品牌设计公司采用"三"的意思是数量丰富，也是完整性的象征，"三"突显出城市的完整、独立、和谐。三角形金字塔模型是代表城市和谐的最好方式，构成三角形的图形元素可以是彩色的，可以设计成市民想要的模式或搭配方式。特殊的模式表明，城市独特的品牌要素，有其不同的颜色和形式。特殊模式意味着独特的颜色和图形构成，更加符合城市品牌视觉形象的需要。

西方很多城市的LOGO或视觉图形均采用抽象几何图形的表现方法，城市设计元素非常丰富，在形式处理上也十分讲究，将类似点、线、面组成的几何图形用于那些不适宜采用具体形象来表现的内容，很快就有较强的可视性，并能使人产生联想，耐人寻味。同时抽象的几何图形也易于造型的变化和对比，增强图形的韵律感和视觉冲击力。

三、城市品牌视觉形象标志的色彩体现

（一）色彩心理

1. 色彩的联想

（1）红色　红色是最引人注目的颜色，人们看到红色往往想到火、血、太阳等，火焰、太阳让人感受到温暖、活力、热情奔放；因红色又表示爱国精神或者革命精神，所以红色还会给人以关于革命的抽象联想。

在自然界中，不少芳香艳丽的鲜花、成熟甜美的果实，都呈现出美丽动人的红色，因此红色又给人留下了鲜艳、芬芳、饱满、甜美、成熟

的印象，使人联想到香甜而引起食欲。

在生活中，人们也把红色作为欢乐、喜庆、胜利的装饰用色。如人们结婚时室内装饰多用红色，以象征喜事、爱情；春节时，红色的春联在人们的感觉中被习惯地视为喜悦、兴奋、幸福、团聚、吉祥的象征。

由于红色是一个高度激奋的色彩，能造成一种刺激感觉的效果，因此也成为最有力的宣传色。在商业包装设计中，由于红色的广泛使用，使之成为商品畅销的销售色。红色也适用于作为某些娱乐场所的用色，它的最好用途在于作为装饰品或其他室内家具附属物的色彩。但红色的用量不宜太多太大。

红色由于有非常刺激的效果，所以也能使人产生危险、愤怒、残暴、野蛮、情欲、冲动、惑乱的感觉。如红色意味着危险而被用作交通信号的停止色、消防汽车的用色等。

（2）橙色　橙色往往使人想到橙子、橘子、木瓜、玉米等一些成熟的果实，因此是会引起人们渴望香甜和食欲感的色彩。

橙色也是属于激奋、刺激、活泼、最有光辉的色彩之一，比起红色更具有轻快与欢欣的效果。它散发着一种强烈的温暖感觉，同时还能引起人们热烈、积极、生气、乐天、欢喜、温暖、庄严美和温馨的色彩感。因此，橙色也是一个极好的应用色彩，是装饰器皿的适合色彩。另外橙色也会引起妒忌、虚伪、疑惑、不安、任性等感觉。

（3）黄色　黄色表现出快活、轻松、愉悦、智慧与权威，同时也有病态、轻浮的感觉。

黄色使人联想到柠檬、柚子等酸甜水果以及油菜花、秋菊、杜鹃等美丽芳香的花朵。给人留下了香甜、甘美并带有强烈的酸味的印象。这也是一个引起人们食欲感的色彩。

黄色的光感最强，它使人们联想到日光，有阳光明朗的感觉。在色相环上，它的明度最高，能充分反映光线，因此黄色又使人感觉到光明、希望、快活、愉快、明亮、年轻、和平等。

黄色系列中有一色称为金黄色。金色可以表现黄金、富贵以及秋天的田野、阳光等。黄色也可关联到黄金的高贵、光辉，以显示尊贵。黄色在中国过去是帝王色，一般人不许使用，表现着权威、高贵和庄严。

黄色是一种快活的刺激性色彩，是最舒适和愉悦的暖色。但黄色不能和过多的对比性色彩一起使用，因为黄色的明度高，色相感不强，须如此才能达到最佳的视觉效果。由于本能的印象，黄色还给人以放荡、妒忌的感觉。

（4）绿色 绿色代表着青春、成长、和平、安全、树木、森林、抑郁、变质等。

绿色是植物的颜色，如大自然的树木、森林、叶子、草地等。绿色植物象征着春天、希望、年轻、新生、和平、公平、健康、旺盛、富饶、生机勃勃、生长、青春和幻想。绿色给人以清新、静谧、舒适、凉快、遥远、清幽、安全的感觉。

绿色是现代化住宅室内布置的重要标记之一，在室内摆上一些绿色植物，人们可以在视觉上和心理上都得到某种享受和满足。对人们的眼睛有一种积极的休息和保养作用，还给人以一种空气清新的感觉。

绿色，严格地说，它是介于冷暖两系列色彩的中间颜色。绿色显得和睦与宁静，在明亮色彩和淡灰色的背景上，它是一个很好的暖色系列的补色。由于绿色的果实给人以不成熟的感觉，所以人们也常用绿色来比喻未成熟的年轻人和缺少工作经验的人。

（5）蓝色 蓝色代表着安静、沉着、冷静、空旷、悠久、寂寞、冷酷、稳重、海洋、天空、科技等。

蓝色很容易让人联想到天空、海水。有深远、悠久、广泛、永恒、无限、神圣等感情。另外蓝色又适用于内向、静暗的冬天，蓝色也适用于表现阴影的色彩。同时夜晚深蓝色神秘的色彩，又给蓝色披上了寒冷、平静、理智、沉着、寂寞、薄情的外衣。在精神层面，蓝色关联着浓厚的信仰。

（6）紫色 紫色代表着高贵、神秘、优雅、成熟、华贵、消沉、不幸等。

紫色在自然界里是比较稀少的，我们平常见的有紫罗兰、紫金花、葡萄等。紫色给人以优雅、高贵、庄重、虔诚、神圣、温厚、诚恳、神秘、妒忌等感觉，它是十二色相中的"贵族色"。

紫是黄的补色，持有跟黄色相反的性质。若黄色与意识相关联，则紫色有无意识的象征。黄与紫的对比会有神秘性、印象性、压迫性、威胁性或刺激性等的感觉，如大面积地使用紫色，将会有威胁感。

紫色是最具神秘感的色彩，但也是最难使用的色彩，它处于半暖半冷的状态，在其高纯度和高强度时，它会产生抑厌而带有神秘的气氛。暗紫色有阴沉、迷信感，或暗示隐藏着灾难。淡紫色则有舒宁柔雅、优美的感觉，营造出尊贵、豪华、不凡俗的气氛，给人很大的魅力感，同时也使人联想到一种香而甜的气氛，是深受女性喜爱的色彩。

（7）黑色　黑色代表着沉稳、严肃、夜晚、黑洞、死亡、丧礼、恐怖和绝望等。黑色会引发关于夜、墨、炭、煤、头发的联想。

黑色给人以严肃、坚实、刚健、神秘、黑暗、消极、忧郁、沉默、过失、恐怖、死亡、悲哀、静寂、罪恶、严酷的感觉。黑色给人的印象是不吉利的颜色，常与沉默、地狱和死亡相联系。同时黑色还会给人以掩盖罪恶、阴谋、肮脏的印象。

但是在色彩的组合上，黑色由于明度最低，所以是很好的衬托色，它可以使邻接色彩含有美丽的光辉感，显示明亮的力量感。黑色的视觉形象最清晰，而且不易让人感到刺激，因此也是设计人员比较喜爱的色彩。

（8）白色　白色代表着明亮、洁白、纯真、朴素、神圣、白云、冷清、贫寒、悲哀等。白色使人联想到雪、白石、砂糖、白纸、白鸽子，给人以洁白、光明、和平、纯真的感觉。

在色彩中，白色是明度最高的颜色，也是很好的衬托颜色，任何模糊不清或对比强烈的色彩，只要加进了白色，对比会被削弱。因此在艺术设计中也被广泛使用。

（9）灰色　雾霾、阴天、水泥、乌云等都给人以灰色的联想。灰色可能让人有平凡、失意、谦让、不安、失望、绝望、凄凉、烦恼、寂寞、沉默、中庸、中立、温和、忏悔等感觉。

灰色是中庸的颜色，所以无论邻接色彩是什么，均不受影响，它跟任何色彩组合时，都可以调和，是附属性很强的色彩。在生活中，人们常用灰色比喻对生活和事业失去信心，只想安安稳稳地生活的人。

然而带有色相感的灰色，却有很高的审美感，给人以高雅、朴素、含蓄、耐人寻味的印象，在绘画和艺术设计上常被使用，是很好的衬托色。

2. 色彩的温度感

能给人以温暖、炎热等感觉的色彩，就叫暖色或热色，如色相环中的红、橙、黄橙、黄等颜色；令人有寒冷、凉爽感觉的颜色，称为冷色或凉色，如蓝绿、绿蓝、蓝、蓝紫等色，在色相环里冷色系和暖色系的颜色刚好位置相对。此外，有的色彩既不属于暖色又不属于冷色，叫作中性色，如黄绿、绿、紫、红紫等色，但在具体的色彩对比环境中也会产生一定的冷暖倾向。

3. 色彩的味觉嗅觉感

色彩的视觉感受同样可以引起味觉上的感官反应，色彩的味觉是根据食品的味道产生的，表现出甜味味觉的最佳颜色有鲜艳明亮的黄色、橙色和红紫色。表现出酸味味觉的最佳颜色有柠檬黄、黄绿色、青绿色。表现出苦味味觉的最佳颜色有深绿、明度低的浑浊灰绿色。表现出辣味味觉的最佳颜色有大红色、橙黄色。表现出香味嗅觉的最佳颜色有明亮的黄绿色、中黄、淡黄。表现出臭味嗅觉的最佳颜色是浑浊而深暗的绿灰色、绿褐色、淤泥般的灰蓝黑色❶。

4. 色彩的质量感

轻重是物体的量感，软硬是物体的质感。色彩也能给人带来轻重软硬之感，这与人们对生活的印象与联想，与色彩的色相、明度、纯度都有密切关系。

白色及浅色等高明度和透明的颜色给人以轻快感，但也会令人觉得

---

❶ 陈天荣、余宁：《广告设计》，北京：中国青年出版社，2009年，第88页。

缺少安定的感觉。软的色彩感与轻色关系比较密切，软的色彩常常是明度高纯度低的色，同时与甜的、女性化的色彩感比较接近。

黑或红色系等低明度的颜色给人以厚重感，同时也给人以稳重安全感。硬的色彩感觉常常是明度低和纯度高的色。

5.色彩的远近涨缩感

我们常常感觉到同一位置、同一距离、同一面积的不同色彩，看起来有的感觉近，有些感觉远；有的感觉比实际大，有的则感觉比实际小。同等环境情况下，感觉近的叫前进色，感觉远的叫后退色；感觉大的叫膨胀色，感觉小的叫收缩色。一般来说，长波长的暖色系及明度高和纯度高的色彩是前进、膨胀色，短波长的冷色系及明度低和纯度低的颜色是后退、收缩色。

6.色彩与听觉

把听到的声音或音乐产生的通感、联想和想象，运用颜色来加以表现，也就是心理学上研究的"色听论"。对于这一点，瓦西里·康定斯基（Wassily Kandinsky）提出了精辟的见解，他说："强烈的黄色给人的感觉，就像尖锐的小号音色，浅蓝色的感觉像长笛，深蓝色随着浓度的增加就像低音提琴。"

人的感官是互通的，使用色彩可以表现音乐的高低起伏、抑扬顿挫。鲜明的高纯度色彩就像高音，较暗的深色就像低音。一般来说，清楚的声音颜色纯度高、鲜明，嘈杂的声音颜色浑浊、纯度低，轻柔的、模糊的声音应使用明度高的淡色，激昂的声音应使用冲击力强的原色。按照声音的起伏采用不同明度、纯度的颜色就可以传达音乐的旋律❶。

（二）城市色彩

城市色彩是一个不容忽视的城市文化反映及构成要素，城市色彩体现城市的文化和内涵。

---

❶ 陈天荣、余宁：《广告设计》，北京：中国青年出版社，2009年，第93页。

1. 城市色彩的概念

城市色彩，是指在人的视觉感知里反映出来的城市印象的总体色彩面貌。城市色彩的感知主要基于人们对于城市物理空间和相依存的客观环境的总体视觉体验，城市建筑在城市空间中所占的比例很大，作为城市色彩中相对恒定的感知元素，它是城市色彩的主要组成要素。

一般来说，城市规模越大，它的物质空间和环境就越复杂，人们对整个城市的把握就越困难。城市的地域属性、地理特点、气候条件、建筑材料等产品和资源以及城市的发展状况，对城市的色彩有着重要的决定性影响。除此以外，文化、宗教和民俗等也会产生深远的影响，进而产生差异化，这种差异变得更为鲜明而各具特色。如德国人的理性、严谨、内敛、坚毅，意大利人的热情、随性和外向，中国人的含蓄、淡泊、随和、包容，还有拉美人的热烈和奔放。这些都在他们的城市色彩运用中得到了充分的体现，而其城市色彩体系也因此很好地展现了地域人文特色。而具有相近地域条件的城市，一般也具有类似的色彩面貌❶。

2. 城市色彩的性质

（1）地域性 地域性是地理学中常用的概念之一，它是指不同地区的自然环境和社会经济文化发展所体现的区域差异和组合特征，它随时间和空间的不断变化而变化。城市色彩的地域性特点决定了每个地区都具有独特的色彩文化，这种色彩文化是由当地人们和地域文化所产生的，然后代代相传、日积月累，并在城市风貌中表现出来的。不同的国家或地区有不同的地域化色彩，城市建筑等物质设施的色彩也有各自的特点。特定的地理和气候环境决定了特定的城市空间形态，建筑是这个特定空间环境的主体，城市建筑的造型、结构及材料等，都与地理环境紧密相关，而这些都是直接作用于城市的色彩面貌的重要因素。

色彩学和地理学的彼此"联姻"产生了色彩地理学这一门新兴的边缘学科，其中，色彩学是研究与人的视觉相互发生色彩关系的自然现象

---

❶ 王建国：《城市设计》，南京：东南大学出版社，2011年，第153页。

的科学，地理学是以人类居住的地球表面为主要研究对象的自然科学。朗科罗的"色彩地理学"以地理学为基础，纵观不同的地域环境中奇特的色彩现象，研究并探索其对人种、生活、习俗、文化传统等方面的直接影响。这些因素催生了不同的色彩表现形式，因为不同的地理条件必然形成特定形态的地域环境，不同的地域环境又会形成不同的气候条件，从而影响不同人种的生活习俗，乃至形成不同的文化传统。从特定的地域环境、气候条件、人种、生活习俗、文化传统等方面研究色彩现象，不难发现，生态环境和文化习俗间的差异和不同的组合方式，催生了具有地域特色的色彩风貌[1]。

每个区域的特有气温和光照，都会直接影响着人对色彩的主观感受以及由此产生的生理和心理反应。在气温方面，热带地区的长期高温使人们更易接受素雅、安静、平和的色调，如高明度的冷色系和无色系。相反，寒带地区的人们则更喜欢从视觉上感受温暖、热烈的暖色系。在光照方面，在阳光照射下，暖色系相对于冷色背景在视觉上显得更靠前，建筑和环境的形象也更为突出。而在阴天或光照不强的情况下，冷色系显得更加饱满并引人注目，暖色系则趋于沉静与平淡[2]。

除了气温和日照外，还有城市的降水等因素，比如城市降水的多少除了影响一个地区自然环境的风貌，它对景观色彩带给人的感受也有重要影响。降水对城市自然风貌的影响一般表现为多雨地区气候湿润、树木茂盛；少雨地区空气干燥、植被稀少。对人们的视觉感受的影响表现为降水天光照度降低，光线呈漫射状态，建筑材料及自然景观的固有色的还原度降低，因此呈现"灰"的色彩特征。雨天空气湿度较大，空气透明度降低，物体色彩的彩度也随之降低。因此，多为晴天和多为雨季的城市的色彩感知是存在差异性的。

多雨地区的外部环境色彩易受雨水洗刷，也易受水汽侵蚀，容易使

---

[1] 赵思毅：《城市色彩规划》，南京：江苏凤凰科学技术出版社，2016年，第58页。
[2] 赵思毅：《城市色彩规划》，南京：江苏凤凰科学技术出版社，2016年，第59页。

建筑、环境的彩度降低。在我国长江以南多雨季节的环境中，人们的心境一如接受了雨水的洗涤，在白墙青瓦背景下容易产生清淡雅致的格调。徽州的大部分古村落建筑都是飞檐翘角的屋宇随山形地势高低错落，且都是齐刷刷的黑瓦白墙，整体层叠有序，视觉壮观。当地建造宅第时往往因陋就简，就地取材，在坚固实用、美观大方的基础上寻求朴素、自然、清雅、简淡的美感。徽州以当地丰富的黏土、石灰、黟县青石、水杉为主要材料建筑的徽派民居构思精巧、造型别致、结实美观。远远望去，清一色的黑瓦白墙，对比鲜明，加上色彩斑驳的青石门（窗）罩和清秀简练的水墨画点缀其间，显得古朴典雅，韵味无穷，清淡朴素之风展现无遗❶。

另外，下雪的天气对该地区空气中的湿度和颜色都有一定的视觉影响，城市色调会产生临时的变化。这些城市在规划色彩时，通常采用复合色彩策略，为了色彩冷暖平衡以及城市色调的均衡，这类城市建筑使用更多的暖色调来适应和衬托雪景环境。需要注意的是，有些雾霾比较严重的城市，这种生态状况除了对市民健康造成了严重的危害之外，还会对城市环境的色彩视觉产生障碍和影响。

城市色彩在被人们感受时受到客观地理环境以及气候差异的影响。地处海滨和地处内陆的城市在色彩感受上有明显的不同，因此对于该城市的色彩系统规划要有差别。地处海滨的城市环境特点是空气清新湿润，又有碧海蓝天的映衬，自然环境色彩在明度和纯度上相对都比较高；地处内陆的城市环境特点是城市空气相对干燥，易受风沙侵袭，色彩会相对偏灰。地理环境的不同，使城市色彩的成因不同，环境场所的色彩面貌也会不同，人们对环境的审美心理在不同的地理环境中也会有所变化。比如生活在热带地区与生活在寒带地区的人群，色彩倾向感知会在明度和彩度上有微妙的差异。了解这些不同地区的地理差异和人们对环境色彩的心理感应，对正确评价和选择环境色彩以及城市色彩的规

---

❶ 赵思毅：《城市色彩规划》，南京：江苏凤凰科学技术出版社，2016年，第61页。

划有很大的帮助。让·菲利浦·朗克罗（Jean Philippe Lenclos）对地理因素对环境色彩的影响有着独特的见解，他认为："一个地区或一个城市的环境色彩会因其所处地理位置的不同而呈现不同的面貌。其中，既有自然地理因素，又有人文地理因素。"自然地理因素和人文因素共同作用，构成了一个城市的环境色彩特征，并积累成为当地色彩文化的重要组成部分。自然地理因素是客观性的物质存在，人文风俗因素是人相对于客观物质存在的主观认知。从这个意义上说，自然地理因素影响着人们在色彩方面的审美意识，这种审美意识融入当地的传统文化中，从而丰富了地域文化意识。

（2）**文化性**　城市的存在必须体现物质与精神的统一，文化是历史不断积淀的体现，文化是城市地域色彩形成的主导因素，地域或民族的差异使得文化在城市色彩的运用上呈现出不同的特征。正是文化的这种厚重感以及深层次的影响力决定了其在塑造地域景观方面无可替代的重要性，以及一个地区或民族色彩的独特性。城市色彩所承载的美学信息和人文信息正是连接城市历史文脉和文化特色的一座桥梁❶。

①共性文化：英国人类学家爱德华·泰勒（Edward Teller）在《原始文化》一书中对文化的定义是："文化是一个复合的整体，包含知识、信仰、艺术、道德、法律、习俗和个人作为社会成员所必需的其他能力和习惯。"人类对一种文化的理解程度取决于上述各方面的相似程度，相似度越高，共性就越多。同时，人类具有高级的学习能力，对不同的文化现象保持开放的态度，从而促进不同文化之间的交流。

人类对色彩的感知方式有很多的共性，人文因素对色彩感知的影响是以人对客观本质的主观认识为前提的，这使得具有地域特色的城市色彩被更广泛的人所欣赏。人类对颜色感知的共同部分是一种超越地域、物种和文化范畴的生理和心理反应，当这个反应过程继续进行时，会有更复杂的因素产生影响，如民俗风情、生活习惯、民族信仰，甚至是地

---

❶ 赵思毅：《城市色彩规划》，南京：江苏凤凰科学技术出版社，2016年，第89页。

区和气候，从而形成共性的文化和差异性的文化。对人类颜色感知共性的认知是研究一个地区或城市颜色的基础，这是一个促进对城市颜色的全面认识的起点。

②地域文化：由人类共同的生理和心理所产生的效应，人对色彩的感知存在一定的共性，但由于不同地区的独特地域文化的影响而会形成较大的感知差异，因此可能同样一种色彩对于不同民族或地域的人们会有不同的感知或象征意义。同时，不同的民族和地域又因风俗习惯、生活生产等的不同而崇尚和偏爱不同的色彩。在中国人的色彩观念中红色为吉祥、喜庆之色，黄色为帝王至尊之色，也是欢快之色，而有些国家或民族对这两个色彩的解读却有不同。比如在日本，给初生的婴儿穿衣服要用黄色，给病人做的被子要用黄棉花，是自古以来就有的风俗，这是因为黄色被认为是阳光的颜色，可以起到保温的作用。

用色习惯会受到不同的民族与文化传统的影响而产生差异性。表层体现是因自然地理条件的差异而使用的当地建筑材料和因技术工艺不同而形成的城市居民建筑形式，更深层次的体现是政治体制、经济基础、社会制度、思想观念、文化艺术等人文地理因素的潜在影响。这些差异性因素塑造了不同的民族性格，创造了不同的文化价值取向，体现了不同的色彩审美追求和色彩体验。比如荷兰人思想开放、性情平和，同时荷兰又是一个强调自由与平等的国家，因而对缤纷色彩的喜爱正是因其民族性格与文化取向而形成的端庄、内敛、严谨的特征，其城市建筑色彩也呈现出了相关的特质。深入了解和研究传统色彩形成的文化环境，可以为城市色彩规划提供必要的依据[1]。

③时代特征：在不同的时代，当时社会的主流思想都会反映在这一时期的城市建设中，而这些社会意识涉及政治、经济、文化、宗教等领域，因此城市建筑色彩不可避免地会产生相应的变化，并通过建筑最终反映在相应的城市环境色彩中。世界上的各个历史悠久的城市都有代表性的建筑

---

[1] 赵思毅：《城市色彩规划》，南京：江苏凤凰科学技术出版社，2016年，第92页。

存在，它们带有明显的时代特征，并构成了这些城市的历史风貌。

从城市建筑方面来看，使用当地用材、采用当地传统工艺等是形成地域色彩的一个原因。由于交通、技术、信息等的制约，不同地域的城市在发展初期主要使用当地建筑材料，并根据这些材料形成相应的生产技术和加工工艺，从而形成具有地域特色的建筑样式和城市色彩。由于社会、经济、科技等的不断进步，交通更便利和发达以及生产技术能力的提高，城市建筑材料的选择范围也在不断扩大，这使城市建设中会用到各种具有其他地方特色的建筑材料和工艺。同时随着新材料、新技术的不断开发，物美价廉的人工材料层出不穷，为城市建筑色彩的表现提供了更多的机会，这些变化在丰富建筑色彩的同时也对传统建筑色彩产生了冲击。就单个城市来说，在城市色彩越来越多样化的同时，地域特色也相应减少。如何在社会高速发展中实现城市地域特色色彩的可持续发展，是城市色彩规划中的一个重要课题。

3. 城市色彩的功能

（1）城市色彩的识别功能　在城市视觉环境中，色彩的易感知性被广泛应用和接纳。城市设计通过色彩来组织复杂的视觉秩序，创造有条理、易识别的城市品牌视觉形象，营造安全有序的公共环境和功能空间。这就是色彩在城市中所具有的识别功能❶。

①区域识别功能：受自然因素和社会因素两方面的影响，不同城市或地域的环境色彩存在一定的差异，因此城市色彩可以成为其差异化区别的因素之一。自然因素包括气候、土地、植物、岩石、水体等，社会因素包括制度、历史、文化、风俗习惯等。城市色彩的地域差异识别可以分为多个层级的范围，比如我国的地域色彩有别于其他国家，而我国东南西北的城市色彩也各有特色；各民族之间因为地域文化和风俗习惯的不同，其代表性色彩也存在差异；在同一城市中，不同的区域由于功

---

❶ 宋冬慧：《现代城市形象塑造及中国本土化研究》，北京：中国纺织出版社，2018年，第66页。

能和特点的不同相对应的环境色彩感知也不同。

城市中以区域划分的文化中心区、住宅区、商业区等都因为区域功能的特点拥有各异的色彩氛围，这些与环境相适应的色彩起到了彰显区域性质的作用。城市环境具有十分复杂的信息源，相对于造型来说，人眼更容易识别色彩的差别，许多相同或相似的空间区域需要借助不同的色彩来显示其功能，强化其在复杂视觉环境中的辨识度。

②类型识别功能：不同类型的城市公共设施可以分成不同的功能类型，它们之间可以通过色彩的差异来区分。城市公共设施是保障城市正常运转的维护系统，在城市中虽然占据的空间并不大，但分布广泛、种类繁多。城市公共设施的色彩在城市色彩基调中作为点缀，需要保持明确的类别特征和秩序感，公共设施的色彩不再只是单纯地追求变化和愉悦，同时也要兼备类型识别的功能。当然，除了公共设施，城市其他空间和设施也有同样的色彩区分感知。

③等级识别功能：在中外历史上，色彩都具有传达等级信息的作用。特别是在我国古代，建筑、服饰等的颜色均有等级识别作用。我国历代王朝一直沿袭以色彩作为等级制度的一大象征的传统，即使在少数民族统治时期也不例外。比如明代时期，修建彩画十分普遍，朝廷也对建筑色彩的使用做了十分具体的规定，明确了不同官品级别要用什么相应的颜色。明史记载："亲王府四城正门以丹漆金钉铜环；公王府大门绿油铜环；百官第中公侯门用金漆兽面锡环；一二品官门绿油兽面环；三至五品官门黑油锡环；六至九品官门黑油铁环，庶民不许用彩色。"可见，在我国古代城市中，凭借建筑的不同色调即可象征其建筑主人的身份，这是颜色的感知象征意义与社会功能的融合，这也体现了以色彩区分尊贵的体制特征。这种传统并不仅存在于中国，象征权力或财富的建筑材料色彩的运用，在世界各地都有记载，虽由于文化的差异，在具体颜色的象征意义可能是有差别的，但都体现了色彩的等级象征意义。

在我国古代皇陵建筑中这种运用也有体现，如南京明孝陵的建筑选用了高等级的红、黄等色彩，与皇帝生前使用的宫殿色彩一致，建筑通过色彩昭示了人至高无上的地位，延续了等级制的传统。然而，随着时代的变迁，辛亥革命后这一传统也逐渐发生了改变。民国时期南京中山陵修建时，设计师有意摒弃了具有封建等级意义的色彩，以蓝白色为主色调，体现了革命的象征意义。

（2）城市色彩的审美功能　色彩的审美功能主要体现为对城市环境的优化，具体内容是要实现环境色彩与城市景观的完美融合，选择合适的材料，形成设计形式的风格化，彰显环境场所的品质与特征等，最终目标是使城市更加人性化，使生活充满愉悦体验❶。

一座城市的气质，无论是高贵还是平凡，无论是严肃还是欢快，都是通过特定的形状和颜色表现出来的。错落有致的建筑、绿化景观、蜿蜒道路、宽阔的街道和广场、桥梁、车辆等，都以自己的色彩参与其中，形成良好的色彩组合，这使得城市环境变得绚丽多彩，构成了城市的独特面貌和特色。

城市环境色彩的改变也意味着人们审美情趣的变化，但往往存在主动与被动的区别。比如西班牙一个小镇的墙面是白色的，好莱坞为了影视宣传，在征得当地居民的同意后，在电影《蓝精灵》的宣传期间将房屋漆成了蓝色，它便从此换上了"新外套"。宣传活动完成后，在适应这个全新的色彩环境的过程中，居民们也发现前来观光的游客迅速增多，220位居民投票赞同保留其蓝色基调。这种互动融合的动态过程，融入了城市色彩的审美和功能体现中。

（3）城市色彩的心理功能　色彩可以让人产生不同的情感和心理反应。从生理学的角度看，当人的眼睛受到不同的色彩刺激后，人的肌肉和血脉会相应地产生向外扩张或向内收缩的变化，从而形成不同的情绪反应和心理感受，如兴奋、紧张、愤怒、安逸、平静等。当人们看到红、黄、橙色时，就会联想到给人温暖的阳光或火的色彩，产生相应的暖的心理感受，因此红、黄、橙色被归为"暖色"；当人们看到蓝、青

---

❶ 赵思毅：《城市色彩规划》，南京：江苏凤凰科学技术出版社，2016年，第118页。

色时，在心理上会联想到大海、冰川，并产生寒意的感受，因此蓝、青色被归为"冷色"。

这样的色彩应用在具体的城市建设中很重要，因为城市是人的城市，其色彩对人的心理影响是城市协调发展的重要因素。例如，英国伦敦泰晤士河上的波利菲尔桥的栏杆原来是黑色的，经常有人在这里投河自尽。于是坊间开始纷纷传说：这是一条魔鬼桥，罪恶的人选择在这里赎罪……"波利菲尔桥现象"引起了英国议会的关注，英国议会委托英国皇家医学院研究并解决这个问题。普里森博士在长时间的调查研究后得出一个惊人的结论：自杀事件与桥的颜色有关。波利菲尔大桥的桥面被全部涂成黑色，而黑色使人感到压抑、悲观，甚至产生轻生的欲望，因此，真正的魔鬼是桥的颜色。在普里森博士的建议下，当局用象征生机、带给人生活希望的绿色代替了桥上栏杆原来的黑色，结果在这座桥上自杀的人减少了一半。由此可见，无论是微观还是宏观的城市环境，色彩的心理功能都是十分显著的。除了心理调节外，色彩还有一定的物理调节作用，比如，不同色调的吸热系数是不同，深色的物体比浅色的吸热更多一些。这种色彩的物理调节功能可以有效地应用于温度要求复杂多变的城市环境中。

4. 中国城市色彩的发展

中国的城市色彩研究起步较晚，学科形成上主要是对西方颜色科学理论的引入和借鉴，在此基础上对色彩学的基础理论和色彩量度以及实用色彩方面的研究较多。城市色彩景观规划的系统化研究尚未成熟，大多城市色彩规划处于被动阶段，从规划设计到控制实施都落后于城市整体规划，而且绝大多数城市没有意识到城市色彩景观规划的重要性和必要性，城市色彩还处于混乱之中❶。

我国古代城市色彩从总体上看是儒家文化和与之相结合的社会等级

---

❶ 吴松涛、常兵：《城市色彩规划原理》，北京：中国建筑工业出版社，2012年，第98页。

制度的综合体现。其建筑色彩和建筑形式一样，更多为统治阶级的意识形态所左右，体现了严格的等级制度。但随着社会的发展，我国现代的城市色彩体现的感知点已经发生了改变，更多是体现城市地域文化、人文特色、城市规划及城市环境等。通过对国内城市色彩发展历程的回顾，笔者发现伴随着人们对城市环境特色问题的日益关注。越来越多的城市都把城市色彩管理纳入城市发展建设纲要中，许多城市也正是通过对城市色彩问题的关注，进而提升城市文化内涵，彰显了城市魅力。从这个角度看，城市色彩规划发展历程，正是从时间和内容的角度，记录了人们和城市文化的互动发展的过程。

5. 城市精神理念的色彩转化

城市精神理念在设计时需要考虑如何转换到图形和色彩中，在色彩方面的转化需要考虑两个方面，一个是城市的人文精神，另一个是城市的自然环境。城市人文内涵和景观共同体现出城市的个性，构成了城市色彩意象的表面特征，且对城市色彩的独特性及可识别性产生影响。地域性的城市色彩均有文化原型，这种文化原型可以理解为一套长期作用于该地域城市主体的文化审美约定，可以为该地域城市色彩意象的推导提供更多的想象和依据。

城市人文精神理念承载着城市的共性。城市色彩意象是与城市文化内隐的价值密切相连的，是对后者的表征，城市的精神是城市色彩风格、城市色彩意象创造的源泉。城市人文精神是该地域独特的、共有的，且其本身就是善的、正确的、美的、令人愉快或合乎人的愿望的❶。

（1）城市色彩意象的构成　在视觉传播中色彩是最易识别的视觉元素之一，人们在观察的过程中，先是接收到了有关色彩的信息，并将它反馈到人的大脑中，由于经验记忆等的影响，这些信息经过人的快速联想，得出一系列与之相关的意象判断。就视觉和心理感知而言，城市

---

❶ 宋立新：《城市色彩形象识别设计》，北京：中国建筑工业出版社，2014年，第139页。

可以单纯理解为由形状和色彩共同构成的空间和界面。因此，城市色彩是观察者对所处城市环境空间和物体的色彩感知，是其客观环境中基本色彩元素和色彩序列在人的头脑中所形成的色彩图式，是空间物象色彩与人双向作用的结果。城市色彩意象也是城市意象的一个方面，对于城市意象和精神的形成具有重要作用。

城市色彩意象主要由城市的个性（Identity）、结构（Structure）、意蕴（Meaning）三个层面构成[1]。具体来说，首先，个性是指城市色彩意象本身所具备的特质，即城市自然色彩，这是每个城市生来与其他城市不同的地方；其次，结构是指城市色彩意象的形态，或非固定自由，或灵活松散，或与功能建立牢固的联系；最后，意蕴是指城市色彩意象的内涵，是城市主体与城市色彩意象之间建立的一种关系，它应当具备可识别性。每个城市都应该拥有属于自己的独特符号，正是这些各有特色的符号构成了别有风味、不可重复的特色。唯有如此，一个城市的色彩意象，才成为专属于一个城市自身的特定的文化符号。正如人类自身既具有感性又具有理性，既具有自然属性又具有社会属性一样，人类文化也同时包括科学与人文、技术与艺术，人类的精神取向也包含着现代与传统，由此构成了城市意象体验的不可或缺的两个方面。因此，城市色彩意象的构造既有自然属性也有社会属性，既受城市自然景观影响，也深藏城市人文精神[2]。

城市色彩意象之美最大的特色就是差异之美，虽然城市按规模、功能和区位有差异之分，但能够与城市主体的审美情趣相吻合的，能够与人的情感和联想相呼应的是城市色彩意象的特色差异。因此，实现城市主体与城市色彩的统一，便构成了这种差异。自然景观的美虽然容易触动感性审美，但它除了有自然界在时间区间内的沉淀、在地域地貌中形

❶ 宋立新：《城市色彩形象识别设计》，北京：中国建筑工业出版社，2014年，第136页。
❷ 宋立新：《城市色彩形象识别设计》，北京：中国建筑工业出版社，2014年，第136页。

成的不同风格外，没有历史文化以及科技的韵味。"通过自然化的艺术和美学化的自然，如画性不断地逾越两者之间的界限，让其互相融入彼此的形式。"参考城市自然景观，可实现城市色彩意象对本真的回归●。

（2）城市精神理念的色彩转化原则 城市精神理念色彩转化的逻辑本质是先从"精神"转换到"气韵"，再从"气韵"转换到"意象"，利用符号学的原理，还原归纳出地域城市色彩的意象，从而建构出城市模糊的色彩形象。利用"抽象、引用、类推、换喻、同源"等手段，创造出既与城市自然属性色彩相联系，又吻合城市主体精神理念的色彩。这里的"气韵"借用了中国古代绘画艺术理论中的气韵概念，通过对城市气韵的领悟，结合城市自然景观，实现城市精神理念到城市色彩意象的转化，从而设计出一幅城市意象的画面，其中转化的关键在于气韵的生动，转化的原则如下：

一是以城市色彩意象彰显城市理念，即城市色彩审美意象之象与气的统一。具体来说，就是指在转化城市色彩意象时，应突破城市有限的孤立的物象，使城市色彩意象体现出城市的本体和生命——城市精神与城市气韵。从有限到无限，使城市色彩意象显现出一种别样的生机。只有在城市色彩意象中有了气韵的流动，城市才能起到吸引和聚集的效能，才能体现出城市的无限生气。以具体的有限的城市色彩意象体现城市本体精神无限的气韵、色彩意象与精神的统一，是意象这一结构的基本原则。

二是以城市色彩传达城市精神，强调城市色彩意象外在与城市色彩本身精神的统一。中国古典美学关于意象的形神论，可溯源至《易传》和《庄子》。城市色彩意象要达到与自然俱化的境界，城市的气韵生动不仅来源于城市色彩的统一和谐，还需体现城市的个性及自然之美。气韵与色彩的关系不仅超越了色彩本身的框架，还表现出作为城市精神本

● 宋立新：《城市色彩形象识别设计》，北京：中国建筑工业出版社，2014年，第138页。

质的色彩意象关系，只有深入色彩的外在并得其精神，才能获得气韵与色彩的统一。

（3）城市精神理念的色彩转化方法 城市精神理念转化为城市色彩意象，首先应了解城市主体对城市色彩意象的感知。感知与意象的研究跨越了心理学、哲学与美学等多门学科，从不同的视角、不同的深度表达了不同的含义。城市色彩意象不是心理的感知图像这么简单，它超越了对城市主体内心的领悟，其承载着城市的历史、现实和未来。城市审美是一个变化的过程，这一审美是有意识的，依据城市精神塑造的城市色彩本身就凝聚了城市主体对美的认知。如果将城市主体对城市的主观感知简单地分为感性的和理性的，那么就感性而言，人类互相之间有多少种情感，就对城市倾注了多少种情愫。城市主体不会拒绝用心去爱一座城市。城市主体对城市的理性感知是建立在感性的基础之上的，是经历了无数次历史巨变和文化洗礼之后所有感性的浓缩和提炼。无论是各个领域的专家学者，还是城市本地居民或城市匆匆的过客，都会从不同的视角，以自己独有的心态审视着城市，感受着城市的色彩意象。所以从城市的人文精神理念来推导城市色彩意象，彰显城市主体中的良善与纯真，是达成城市主体对城市色彩认同的必要手段。

城市色彩意象是城市品牌视觉形象的一部分，色彩的艺术性及人对意象的思维特征是人从内心感受色彩精神的桥梁，是城市色谱形成概念的第一步，是城市色彩主色调、主旋律确立的前提。城市色彩所从属的城市精神是产生意象的最强大动力，精神可以被转变成简单明了的色彩形式，这种色彩意象的转化更多体现在城市色彩规划的各个环节。下面介绍几个城市品牌色彩规划的具体案例来了解不同城市的城市意象色彩规划。

①广州的城市色彩规划：为了科学、完整地提取广州城市色彩初级总谱，由郭红雨主持的广州城市色彩规划方案利用色彩分析软件、专业配色软件等计算机处理技术，整合自然环境色谱、人文环境色谱、人工环境主辅色谱与点缀色谱，综合得出了广州城市色彩初级总谱，包括主辅色谱和点缀色谱。

广州的城市色彩总谱的提取，以人工环境色彩为主，但是为了寻找属于广州本土的城市色彩总谱，还要综合考虑自然环境色彩与人文环境色彩的影响。为了表达广州城市色彩体系的独特性，需要对广州的自然及人文环境有较多的了解。同时，通过前期的对比、分析色彩，来协调城市自然色彩与人工环境色彩，将广州独特的人文环境以色彩基因的形式置于推荐色谱中。在对广州各类色彩环境色谱整合推演的基础上，整理出的广州城市色彩即为广州城市色彩概念总谱❶。

②泉州的城市色彩规划：泉州的城市景观色彩主旋律概念总谱系统——色彩的筛选与效果验证，根据色彩与城市景观之间的和谐程度，结合视觉判断，对色彩进行筛选和梳理。剔除现况中的"问题色彩"，保留相对合理的色彩，置入泉州典型的城市景观中，看其能否与景观环境完好地融合。规划者运用色度学理论梳理色彩，通过家族谱系分类排序。城市景观色彩主旋律概念总谱主要由三个子系统构成，即屋顶色彩概念总谱、墙面色彩概念总谱和点缀色概念总谱，它们共同构成了"丹彩之城"泉州的城市色彩主旋律。相较于法国的色彩地理学，在城市色谱总结中，宋建明团队规划研究的类别划分更详细，同时也关注和体现了中国传统文化，如写意山水、无色即是有色等。

③韩国首尔的城市色彩规划：韩国首尔很早就在城市色彩上进行规划，形成了有效的色彩体系，为了提高城市的形象价值，使其独具魅力，首尔将"丹青红色"作为首尔色彩体系的主色，并应用于城市各系统中，甚至在建筑、造型、环境设计领域以及城市规划领域使用，首尔色的统一使城市变得更加整体统一和谐。

④葡萄牙波尔图的城市色彩规划：波尔图作为一个海滨城市，这使得波尔图人民对于蓝色有着与生俱来的好感，他们对海有着天然的依恋。从人本主义的角度，蓝色书写了城市的历史也镌刻了波尔图人的生活印记，蓝色已经成为波尔图人生活中不可缺少的精神寄托。因此，选择蓝色作为城市主体色彩比较符合城市发展理念和人文需求。无处不在的蓝色也成为游客对城市品牌视觉形象最深刻的记忆。车站、教堂、交通工具甚至是纪念品，都是蓝色应用的衍生

---

❶ 宋立新：《城市色彩形象识别设计》，北京：中国建筑工业出版社，2014年，第90页。

品，波尔图的城市色彩让每个人都找到了城市识别的认同感❶。

⑤意大利都灵的城市色彩规划：随着全球经济、文化和建筑业的发展，美国、意大利、法国、葡萄牙等西方国家很早就出现了专门为建筑进行色彩规划与设计的机构，城市色彩规划迅速发展起来。意大利的都灵是一座历史悠久的小城，由于其城市色彩研究起源较早，涉及面广，已成为欧洲国家从城市角度研究和应用色彩的典型例子。都灵的城市色彩研究以城区古建筑立面修复为出发点，结合当前城市色彩，拓展古城原有色彩体系，并运用这些理论指导建立色彩模型墙和建筑物的颜色。都灵的城市色彩研究，通过文献查阅古城色彩，以古建筑色彩修复为切入点，这个也引起各界从城市环境保护和延续性的角度思考城市色彩。

城市品牌视觉形象的构建中很重要一部分是城市色彩的规划与传播，这需要大众通过感官来感知城市色彩的美感，每个城市都有属于自己独特的整体色彩调性。这种调性是城市历史文化、风俗习惯、城市环境等相互融合而形成的长期、稳定的视觉符号以及和谐统一的城市色彩基调，受众通过审美判断获得形象的色彩美感，这在城市品牌构建中起着举足轻重的作用。城市色彩可以说是特殊的语言表达方式，在整体规划设计之初就需对城市色彩进行专业全面的分析、规划和提炼，才能在后面的应用中获得更多大众的关注和认可。

第三节　城市品牌形象宣传片

城市品牌视觉形象宣传片有别于城市宣传资料片和招商广告。从城市品牌形象建构的角度看，宣传片主要凝练了城市的独特人文基因要素，准确区分城市的差异化定位，形成对城市理念的准确诉求。

---

❶ 宋梅梅：《城市色彩与城市形象视觉识别系统的构建——以葡萄牙波尔图的城市形象设计为例》，载《设计艺术》，山东工艺美术学院学报，2015年，第73页。

中国的城市品牌视觉形象片广告最早是从1991年做起，当时的第一则形象片广告是山东省威海市。威海市当地旅游部门提出了城市品牌视觉形象宣传的新思路，于是通过对整个城市的考察，进行资源重组后，将威海的独特地理位置、著名事件、美丽的城市景观、宜居的城市条件组合到一起。

一、城市品牌形象片与城市品牌

随着我国社会经济的高速发展，城市的建设不仅是城市硬件的建设，还有城市文化软实力的建设和传播。城市形象的构建和传播越来越受到重视，而城市品牌形象广告是最为常见和有效传播的形式之一。

（一）融汇城市的传统与创新

城市品牌视觉形象宣传片要突出城市个性和文化内涵，避免大众化。这就要求形象片中既要留住一个城市的传统历史，又要体现城市的新兴文化，也就是传统与创新兼备。比如北京，老北京城的悠闲与安宁深深地刻在我们的脑海中，而如今的繁华与现代化的城市建筑，与老北京交融在一起，让人感受到这座城市的历史沉淀与生机勃勃，还有它足够的包容性。对北京城的形象进行新的展示与传播，要在现代化创新的同时也保留传统价值的实现空间，实现对城市历史与文化的升华。

（二）体现城市品牌形象定位

城市品牌视觉形象是对城市未来发展模式的抽象概括和具象演绎，就要进行精准的城市品牌定位，而城市形象宣传片是对其最全面的演绎方式之一。比如成都，作为中国西部城市中经济发展最迅速的城市之一，在城市品牌视觉形象定位上就要体现出这里的城市建设发展。作为一个"悠闲之都"，成都有良好的生态环境和地理位置，经济发展快速，周边的矿产资源丰富，国家对西部的经济政策大力倾斜，让成都变成现代化的大都市成为可能，最重要的是作为国宝的大熊猫是成都的代言者，在大熊猫的影响之下，成都的形象在国际上都有了识别竞争力❶。

（三）整合城市的特定景物

城市的主体是人，因此城市品牌视觉形象广告，要挖掘凝聚于城市景物中的情感作为沟通城市与受众情感的桥梁。对比国外的一些城市品牌视觉形象广告，我们不难发现，无论多么繁华的城市，比如纽约、伦敦等国际都市，人都是形象片中的主角。形象片中的场景无论是繁华的都市、宁静的乡村，还是疾驰的马路、秀丽的自然风光等，最终的落脚点都是人的行为和情感，因为这里是人的生活空间，而城市品牌视觉形象广告要做的就是在特定城市生活的情感表达中引起人们对该城市生活的记忆。

（四）实现广告功能减负

在城市品牌形象的构建中，要对品牌视觉形象宣传片进行一定的广告功能减负，才能更好地突出主题，达到预期的传播效果。当前有一部分城市的品牌视觉形象宣传片，既要展示城市品牌视觉形象，还要兼具招商引资功能，同时也要展示著名景观，实现促进旅游的职责等作用。这种将所有的宣传职能在一则城市品牌视觉形象广告中体现，使城市品牌视觉形象片的功能超载，缺少新意和重点，缺乏创意，也无法使受众对城市品牌视觉形象有鲜明的印象。

二、城市品牌形象片的传播分析

（一）城市品牌形象片的诉求策略

城市品牌形象片的诉求策略面对的主要问题有：要表现什么、怎样

---

❶ 宋冬慧：《现代城市形象塑造及中国本土化研究》，北京：中国纺织出版社，2018年，第108页。

表现、表现给谁看等。当前我国城市品牌视觉形象片的总体状况，众多的作品都集中在旅游形象上，主要就是招商引资和旅游之类，存在内容狭窄和形式单一等问题，并且历史元素占到大部分，常见的中国元素几乎个个都有❶。

在城市广告形象诉求的使用频率上，用文化诉求来表现感性诉求点的频率较高，一些大城市通常不会轻易邀请名人代言，因为名人无法从多方面、多角度展现一座城市的文化，虽然像上海市邀请过姚明、刘翔等人，但是人们的选择注意点、记忆点依然很低。在理性诉求中，更多地使用画面展示与文案介绍相结合的方式，完整展现城市的主要风貌。

（二）中国城市品牌形象片的受众策略

城市品牌形象片的传播效果很大程度上取决于受众，受众对它的理解和共鸣很重要。受众的类型多样且有不同的分类方法，比如可将受众分为内部受众和外部受众，内部受众就是本地居住的市民，外部受众是旅客、商人等外地人口。因此，城市品牌形象片的策划和制作，特别是内容和表述方式、视觉体现等，都要有前期充分的受众分析为基础，在了解受众需求后再进行创作。

当前的传播已进入互动传播模式，不再是单向的传播，城市品牌视觉形象片多是用客观镜头的视角来表达，受众作为信息接收者，如果只是被动接受影片传达的视觉内容，缺少互动与交流，也很难达到预期的效果。笔者在调研过程中发现，现阶段有些城市品牌形象片在受众的定位策略方面没有足够的重视，而从传播学的角度来看，对于受众的分析，要有专业性和针对性，这样传播的针对性可以更好地达到传播者所要求的效果，使传播效果最大化。

---

❶ 宋冬慧:《现代城市形象塑造及中国本土化研究》,北京: 中国纺织出版社,2018年,
第 109 页。

（三）城市品牌形象片的媒介策略

我国现阶段的城市品牌形象片投放在国外主流媒体上的比例不大，即便某城市拍摄的形象片内容也是为了吸引海外游客，但投放渠道明显缺乏阶段性目标和持续性的规划，从媒体选择上，都是以中央电视台、省级卫视为多以及新媒体渠道的传播。央视是城市形象广告国内投放最高级别的媒体，因为它的覆盖率高、影响范围广、传播迅速，能够树立形象，吸引国际游客并招商引资。

三、城市品牌形象片的创作

（一）中国城市品牌形象片的创作主体

我国城市品牌形象片的创作主体集中在国家政府机关、事业单位和媒介部门。不同主体、不同管理形式、不同专业的人才，制作出来的形象片是不同的，若没有把握受众的诉求点，会在众多的形象片中显得十分平庸，形式单调，没有传播力和影响力。但是这些部门有很好的推广传播平台资源，能把形象片传播给更多的受众。因此，对于城市品牌形象片的创作主题应该是多元化的、多方协作的。

（二）中国城市品牌形象片的现状

在社会发展的过程中，商业广告的质量不断提高，在创意概念、播放形式、投放的渠道等方面，都有极大的提升。相比之下，当前我国城市品牌形象片的整体创意创新不高。许多城市的形象片，都只是对城市的建筑、风景、美食进行了列举，总体思路雷同，缺少创意❶。但是优秀的城市品牌形象片作品还是有的，虽然数量不多，却可以从中发现巨大的潜力。因此，我们要对城市品牌形象片的创作给予足够的重视，其质量才会得到大幅提高，促进城市品牌视觉形象的构建。

---

❶ 宋冬慧：《现代城市形象塑造及中国本土化研究》，中国纺织出版社，2018年，第119页。

【案例1】文化齐鲁·风扬天下

山东也是中华文明的重要发祥地之一，是孔子故里，有着悠久的历史文化传承，山的雄壮与海的博大共同孕育着这片大地。《文化齐鲁·风扬天下》是一部三维动画片，动画片中出现有文博会动漫卡通"山东大嫂"的主人公视觉形象。她飞扬灵动、青春勃发，以山东大嫂为主线，她将引领观众游览齐鲁故土上下五千年的悠久文化历史和飞速发展的现代文化产业。

"山东大嫂"是文博会动漫专题片《文化齐鲁·风扬天下》中的一位少女，在十分钟短短的专题片中，她甩动着一条美丽的大辫子，飞扬着动人的刘海儿，身着大红大绿的山东服饰，展现出了厚重的齐鲁文化底蕴，表现出山东女性温柔、贤惠、勤劳的优良品质。

【案例2】99中国昆明·昆明世博园

云南省会昆明有"植物王国""花卉王国"之称，在这里举办世博会可谓是占尽天时、地利、人和。所以在《99中国昆明·昆明世博园》的广告中也不绕弯子，就像云南人质朴、坦率的品质一样。影片开门见山地描绘世博园，把世界各国的建筑、人文、风情等囊括于一体，来告诉广大游客我们准备好了，欢迎您的到来。广告中包括了尽可能多的元素，把各国的代表建筑，把天下的花卉精华，并把世界经典的人文景观纳入其中。它以丰富精彩的内容，让人觉得不是游世博园，而是周游世界。人生很难有机会遍游全球，那就来世博园看世界的缩影吧。

【案例3】昆明天天是春天

在商品高度同质化的时代，我们要找出一个商品的独特卖点是一件非常困难的事情，包括一座城市的形象。就昆明这座城市而言，要跟中国的其他城市比历史、比文化、比经济，都感到有点班门弄斧。它最不可复制的优点就是它的气候，天天是春天。于是，在《昆明天天是春天》的广告创意上，创作者就抓住了这一点："春天在哪里啊，春天在哪里？"潜台词是"春天就在昆明"。它以儿歌的形式开头，以轻松活泼的方式，以精美的画面和丰富的元素把昆明这座春天的城市表现得淋漓尽致，引人入胜❶。

第四节　城市IP及文化创意产业

一、城市品牌与IP

创意经济时代，城市与IP越来越紧密地联系在一起。关于IP，已是目前城市文化创意中最重要的手段。IP是Intellectual Property的缩写，它的字面意思是知识产权，是指具有长期生命力和商业价值的跨媒介内容运营。城市的IP开始以创意打造，竞争战略之父迈克尔·波特（Michael E.Porter）曾提到：基于文化的优势是最根本的、最难以替代和模仿的、最持久的和最核心的竞争优势。所以当城市资源逐渐枯竭时，文化才是城市最大的财富❷。IP作为一种新兴模式融入当今城市品牌建设中，并成为重要的文化传载形式，可以将更多的城市文化形象融于创意产业中表现出来。城市IP的开发通过挖掘城市文化元素并创作代表形象，又以形象为载体进行衍生产品的开发，在产品的开发中还巧妙地融入城市文化、旅游形象和创意产业，打造文化的全产业链条，可以实现"城市商品""城市文化""城市形象"的高度统一。

---

❶ 宋冬慧：《现代城市形象塑造及中国本土化研究》，北京：中国纺织出版社，2018年，第119页。
❷ 王蕊：《打造创意IP提升城市国际形象》，载《杭州》，2019年，第10页。

二、构建城市IP文化创意产业

随着"文化强国战略"的出台，近年来，文化创意产业变得炙手可热，特别是一些以旅游为支柱产业的城市，文创产品更是层出不穷。所谓"文创"就是文化创意，它是一种以创造力为核心的新兴产业，将特色文化或元素通过创意人的技能、智慧进行二次创作，形成符合现代审美的作品或其他体验形式，再借助现代化的营销手段进行推广。优秀的文创产品应兼顾引人思考的文化价值，良好的形式美感以及合理的使用功能，满足人们对教育、审美、使用三方面的需求。文创产业在推动传统产业转型，促进产业结构调整新技术转化方面发挥着巨大作用，已成为可持续发展与城市再生的新动力。以北京为例，2017年前11个月，北京市级规模以上文创产业实现收入1.36万亿元，占地区生产总值的比重居全国之首，由此可见，文创产业已经成为推动北京经济高质量发展的新引擎。

在文化产业发展如火如荼的大时代背景下，国内也涌现出一批文创状态良好、效果显著的城市，这些城市都能从自身特色文化入手，因地制宜，注入情感和创意，让文创产品不再千篇一律。在此以北京、成都、日本熊本县、法国南特城市为例进行分析。

【案例1】北京——发展以故宫为核心的文创产业

北京自2006年提出发展文创产业以来，文创产业的增加值一直保持高速增长，作为全国的政治、经济、文化、教育中心，更是我国拥有世界文化遗产数量最多的城市。北京旅游资源丰富，2017年仅故宫的年游客接待量就超过16亿，庞大的游客群体为北京的旅游文创产业发展奠定了良好的基础，它重视对传统文化的弘扬，突出对文化脉络的传承，特别是对皇家文化，胡同文化的挖掘。以故宫文创为例，文创产品的研发注重结合馆藏文物元素、文物故事，突出故宫文创的专属性格，从宫廷生活、建筑、家居、服饰、饰品等文化符号入手进行提炼，"朝珠耳机""顶戴花翎官帽伞""朕就是这样汉子折扇""胤禛耕织图记事本"以及2019年"满汉全席"日历等，都是实用功能很强的文创产品。热播的真人秀节目《上新了，故宫》更是将故宫文创热推向了一个新的高潮。

【案例2】成都——发展以熊猫为核心的文创产业

同样作为历史文化名城的成都，在2018年11月举办的主题为"创意成都，美好生活"的第五届成都创意设计周上，汇集了30个国家和地区760多家创意设计机构23500件参展作品，从成都创意设计展览会的情况来看，成都文创的特点是"不止充满灵感的创意，也有朴实无华的生活"，文创产品的开发已经融入人们的衣食住行，从农副产品到高科技产品，都烙印上浓浓的四川味，仅以熊猫为元素的文创产品就有上百种。此外，宽窄巷子、春熙路、锦鲤、大熊猫基地，东郊记忆创意园也都成了网红打卡基地，一首民谣《成都》让原本安静的玉林路变得热闹非凡。综合来看，成都的旅游文创产业主要以成都美食、川剧变脸、大熊猫形象三个创意元素为基础，结合热点话题、现代科技进行创新。成都是"熊猫之乡"。近年来，成都利用大熊猫这个闻名世界，受到国内外游客喜爱的IP开发了上万个版权产品，传播中国文化的同时，也取得了良好的经济效益。

【案例3】日本熊本县——发展以熊本熊为核心的文创产业

日本熊本县的IP熊本熊呆萌的外表，大胆出位的表演，无底线的表情包，让它成功跻身超级IP巨星，火遍全球。在营销活动中，熊本县政府也一改以往严肃形象，和熊本熊本身带给人的视觉感一样，变得亲民且幽默。熊本熊很快登上了熊本县各种产品的包装。同时，还开通了专属的脸书和推特账号。如今，熊本熊的火热程度甚至超过 Hello Kitty 和哆啦 A 梦。熊本熊不仅有自己专属的本田小摩托，专属 Mini，甚至还有专属的徕卡相机。随着熊本熊迅速走红，其家乡熊本县也从一个旅游业并不发达的农业县，变身为知名旅游胜地，每年都吸引大量海内外游客前往旅游。截至2016年，熊本熊已经为熊本县带来了数十亿美元的经济效益，创造了区域动漫 IP 代言的奇迹。

【案例4】法国南特——发展以城市艺术为核心的文创产业

南特是法国第六大城市，曾是布列塔尼公爵的封地，也是著名科幻小说家，《海底两万里》《80 天环游地球》的作者儒勒·凡尔纳（Jules Gabriel Verne）的故乡，是一个有代表性的"艺术化"创意城市。作为卢瓦尔河谷地区的重要城市，南特几乎是旅行者们的必经之地。如今，南特不仅拥有很多历史建筑，也是一个创意的聚集地。南特这座城市的每一寸土地都弥漫着艺术气息，特立独行、风格迥异的城市建筑和设施比比皆是。南特有大量的废弃厂房，大约10年前，一批艺术家发现了这里。于是，沉寂了一段时间的南特改头换面——废弃的厂房里经常举办音乐、舞蹈、文化、艺术展览及观摩交流等活动，并逐步开设了书店、餐厅及酒吧，墙上处处都是充满创意的涂鸦作品。2004年，南特市政府启动了一个新颖的旅游项目——建造一批充满着蒸汽朋克风格的机械动物。这个项目包括三大部分：巨象、鹭之树和海洋世界旋转木马。高12米的巨型大象模拟了真实大象的各个细节，不仅可以载着游人在机械岛内走动，还可以通过长鼻子向外喷水。在卢瓦尔河畔，有29个由世界各地艺术家建造的露天艺术作品，表达了他们对于环境、生活的想法和创意。这些艺术作品或气势恢宏地置于河上，或别有心思地藏在树木间，还有一些体型巨大，让游客可以一眼望见。每年夏季，南特都因为艺术而焕然一新，南特全城会安排许多大型活动、展览、装置艺术品。位于南特安得列斯港的18个巨型圆环，像巨大的望远镜一样立在河畔，夜晚的灯光也十分迷人。圆环仿佛时间的隧道，将南特古老的历史与机械岛上的工业文明，串联在一起。南特的一所旧监狱也变成艺术家的表达场所，禁闭主题的涂鸦色彩强烈，布满各个角落，给了观众丰富而奇特的感官体验❶。

南特现今成为法国最具活力和最吸引眼球的大都市之一，《时代》杂志在2004 年时将南特选为欧洲最适合居住的城市。

第五节 城市公共艺术

城市公共艺术是当前城市品牌形象塑造过程中的重要部分，其对大众情感理念的传达以及城市文化内涵、气质品位、环境品质等的提升皆有重要的作用。作为城市人文思想的真实体现与城市文化传播的重要媒介，公共艺术的发展，给城市居民的生活带来了新的视觉感受，尤其是在建筑行业快速发展的大背景下，城市公共艺术的出现，较好地缓解了千篇一律的高楼大厦给城市居民带来的视觉冲击❷。

一、公共艺术能够突显城市特色

在人们生活工作的城市环境之中，公共艺术是一种视觉体验和环境互动，能够直接表现出城市的建筑艺术特征与文化空间构造，是艺术魅力的直观表现，更是现代文明的艺术代表。在规划与建设城市的过程中，公共艺术发挥着关键性的作用，比如雕塑作品作为一种公共艺术品，坐落于城市公共空间中能够为城市增添艺术气息，活跃城市氛围，彰显城市文化特色。在对城市生态环境进行改造时，可以将公共艺术与环境设计进行巧妙结合，以便于突显城市的对外表现性，营造城市的文化氛围，为人们的活动注入新鲜活力，进而充分满足人们对艺术审美层

---

❶ 王蕊：《打造创意 IP 提升城市国际形象》，载《杭州》，2019 年，第 11 页。
❷ 陆姗姗：《现代城市公共艺术问题解析及其对策》，载《美与时代（城市版）》，2019 年，第 62-63 页。

面的追求。借助公共艺术，能够有效展现城市的特征与文化魅力，是建设城市必不可少的重要手段。

城市文化是公共艺术设计的思想基础，公共艺术是一个城市视觉美感与城市品质的体现，一个优秀的公共艺术作品不仅美化环境，给人以视觉上的冲击感，更应该显现一个城市文化底蕴和城市精神。城市公共艺术是一种具有浓缩意义的美学表现形式，通过公共艺术，彰显出整个城市的历史文化传统与现代文化发展。而公共艺术设计的思想基础是城市文化，城市公共艺术是城市文化的体现，我国的每个城市都有属于自己的城市公共艺术，整个城市的风土人情可以通过公共艺术体现出来。

二、公共艺术能成为城市形象的精神象征

不同的时代孕育着不同的城市文明，承载着不同的城市理念。城市概念随着时代的发展不断改变，而公共艺术经历漫长的发展史，早已成为与城市发展相伴相生的一种元素。就其本源来说，公共艺术起源于欧洲的古典时期，当时城市建设中的建筑物通常以神庙作为核心，随着时间的推移，逐渐演变为以广场为载体的公共艺术表现形式。由此可见，公共艺术是随着时代与城市发展不断变化更新的产物。古代广场所起到的作用在于突显城市功能，象征着权利、利益，主要被统治者所掌控，是进行经济交易的重要交易场地。

现阶段，公共艺术的概念变得更加丰富，不但要在其功能作用上有所展现，而且在建筑形式以及建筑样式上都要有所展现。当前的公共艺术本身所代表的建设意义较为鲜明，单纯地作为聚集人们或者满足观赏需求的重要场所，并不具备束缚性。当前公共艺术的概念仍然在不断丰富中，城市进一步发展也推动了公共艺术形式的变化与公共艺术作用的发挥。公共艺术早已不再止步于建筑表层，而是深入精神层面，成为城市的精神象征或者精神标志。通常来讲，公共艺术作为抽象化的艺术表

现形式，既可以突显城市设计的灵魂，又能够彰显艺术与环境的巧妙融合，对城市建设来说意义重大。

在城市形象的塑造中，公共艺术起到引导作用与指示作用，其本身具有认同性、标志性的特点，能够引导人们主动去欣赏城市人文建筑。在城市环境中，按照公共艺术所传递的信息不同，其安设位置、环境限定以及观感等都存在着不同的规律。要保证公共艺术设计位置醒目，主题明确，符合城市建设的风格，能够与城市相得益彰。城市环境建设不断发展，公共艺术设计不断升级，形式会更加丰富。因此，公共艺术设计者应该不断创新思路，设计出更加有特色的艺术品，为城市形象的塑造贡献力量。

借助于不同的公共艺术可以呈现出不同的审美体验与文化意义，举例来说，一些景观本身具有一定的装饰作用，能够突破传统环境设计模式的束缚，主要作用在于抒发情感、增强乐趣等，能够极大地满足当代人对于美的追求，充分发挥着自身的观赏作用与装饰作用。而公共艺术的观赏价值本身契合了环境的设计理念，增加了城市的艺术特色与活跃性，使城市形象更加鲜明。例如，法国巴黎的一座小广场上，水池中坐落着几组诙谐的动态雕塑，可以随意升降与旋转，增强了小广场的视觉效果，使小广场多了几分艺术特色。

就城市公共艺术的现状而言，注重设计的意识，能够较好地解决现阶段存在的盲目效仿以及随意设计等问题。围绕不同的城市公共艺术形式，艺术家们在进行相应的创作活动时，应当合理利用全方位的形象思维，做好设计元素的协调、完善，并恰当选材，实现公共艺术作品表达与公共艺术作品功能体现的和谐统一。

城市的历史与价值同时需要以艺术的形式展现在公众面前，因此公共艺术尤其是公共雕塑艺术成为表现大众精神状态、体现城市成熟发展的重要手段。在现代城市建设与发展过程中，城市公共艺术扮演着较为重要的角色。从城市公共艺术的发展现状来看，公共艺术建设过于盲目、随意等问题仍然较为严重。围绕城市公共艺术的进一步发展，设计师与艺术家应当积极进行设计理念、材料选择等方面的探索与创新。

公共艺术是城市环境与城市空间表达的一种形式与方法，是城市环境建设中必备的设计元素，也是表现景观特色的重要载体。现阶段，我国公共艺术设计在我国城市环境设计中占据着重要的地位，不仅能够有效提升城市环境的艺术品格，并且能够营造充满艺术气息与人文气息的居住环境，可以极大地满足市民居住的审美需求。在视觉文化盛行的今天，人们对艺术的接受度发生了巨大变化，所以公共雕塑设计也越发新奇，往往成为视觉焦点，以独有的空间语言和造型方式，为旅游景区注入更多生机。在娱乐消费场景中，通过主观设计雕塑IP，直观展示该场地的特点以及特色，成为一个让人过目不忘的记忆点，可使游客印象深刻。这些在一些城市有过比较成功的案例，比如成都爬墙熊猫、深圳户外大象艺术装置等。

为了庆祝成都IFS开业，2014年爬墙熊猫"I Am Here"出现在成都春熙路，其独特的爬墙造型和憨态可掬的可爱形象获得了大家的喜爱。

"I Am Here"是设计师劳伦斯·阿金特（Lawrence Argent）在四川雅安采风后，以当地大熊猫为原型设计创作的，爬墙大熊猫高15米，由近4000块三角形构件组成。原计划大熊猫将于当年8月运送回美国，但是由于该雕塑受到成都市民和游客的追捧，所以一直留在IFS，最终成为有名的城市"地标"。几年来，这只爬墙熊猫一路红遍全国，"熊猫屁股底下"成为春熙路弄潮儿们最心领神会的"暗号"。

在深圳，大黄鸭的创作者——荷兰概念艺术家弗洛伦泰因·霍夫曼（Florentijn Hofman）创作的大型户外大象艺术装置Bubblecoat Elephant在深圳万象城展出，这只大象身穿羽绒服，身长12米，高7.5米，趴在精品咖啡店See Saw和诚品书店的楼上，长达24米的象鼻从楼顶垂直而下。大象的鼻子可以喷水，洒落在广场上的一片水池内。这种公共空间艺术，对城市形象和文化的推广起到促进作用。

在2016年葡萄牙的"步行节"（Walk&Talk）上，设计团队Moradavaga创造的一个大型的"乌贼"（海洋软体动物）装置，并将其命名为"Vernie"。这个乌贼使用红色的电缆保护器缠绕而成，每个触手长约15米，向四面八方延伸而去，占领了公园的各个角落。头部还有两只可爱的眼睛，整个软体动物的特征表现得淋漓尽致，栩栩如生。游客们还可以对着它的眼睛和手臂进行对话或倾听，与之互动。游客们对这个巨型软体动物的兴趣，也正符合了主办方的要求，此装置也为这个节日带来了无穷乐趣。

第五章

城市品牌
视觉形象设计与地域文化

城市品牌视觉形象是由具象的形态和特征要素、传播形式以及人们的感知等所组成。城市品牌视觉形象设计研究的核心内容是建设特色的城市品牌视觉形象，特色越鲜明，内涵越丰富，文化越深厚，就越有感染力、吸引力和魅力。

当今，我国城市建设发展很快，城市品牌视觉形象设计问题也日益突出，如缺少文化内涵，千城一面等。如何探索出一个真正适合我国当代城市可持续发展的、能增强城市竞争力、具有视觉文化意义的、地域文化特色鲜明的独特城市品牌视觉形象，是我们需要关注和研究的课题。

第一节　城市品牌视觉形象与地域文化

一、地域文化

（一）地域文化的含义

文化的范围很广，因其特定的内涵，可分偏重物质的文化和偏重精神的文化。从广义上来理解，文化指人类在历史发展和实践过程中所创造的物质成果和精神成果的总和。从狭义上来理解，它指社会的意识形态以及与之相匹配的制度和组织结构。不同民族的形成和发展，都经历了久远历史，不同国家或地区的文化形态也在长年演化中形成了自己的特点。

地域文化是在一定的地域范围内长期形成的历史遗存、社会风俗、文化形态、生产方式、生活特征等独具特色的综合文化。地域文化的地域性有几个明显的特点，一是形成过程的长期性，二是表现形式的广泛性，三是各组成部分之间互相影响、互相制约、互相融合、互相包容。到目前为止。不同的地域文化是人们在特定的地理环境和历史条件下，世代耕耘经营、创造、演变所产生的文化结果。各具特色的地域文化之间也互相影响、互相补充，互相交融，共同描绘出色彩斑斓的文化图景。

地域文化中的地域区分通常是比较模糊的自然区分，地理学中的地域指的是地球表面的一部分，它的边界是任意的，其划定是根据人们某种需要或其他分区而划定的，各地方文化互相渗透、互相丰富共同接受。同时，地域文化不是单纯的自然形成的地理单位范围内的文化事物的总和，而是综合考虑地理概况、社会结构、经济体系、文化发展的历史及特点，主要由各文化特质具体的分布状况等因素确定的文化体系。按照《国际社会科学百科全书》，可以将地域文化体系归入人类文化学学科体系范畴中，"文化人类学是人类学的主要部分，是研究人类文化的科学。除了那些人类生物学以及与生物和文化因素的相互作用有更直接联系的东西之外，文化人类学包括了所有研究人类的学科"。

地域文化体现出该地区时间和空间的特点，在文化空间坐标里，地域文化在较大的范围内有独特性，在较小的范围内有主导性。从文化内涵上来看，地域文化既是地域性的又超越地域性；从文化属性上来看，地域文化既是客观的实体存在，也是地域群体的主观文化认同所形成的"想象的共同体"。因此，地域文化不是传统意义上的文化概念，也不止是某种经济情况下的物质载体，更是受制于已经具有的人文精神的特定地域限制下的，通过多种形式表现出来的总体文化状况。地域文化不是一个简单受地理限制的概念，而是一个时间与空间交叉融合的概念，可以说是在具有独特文化特征的某个空间以及历史时空中生成的文化。因此，我们在判断地域文化时，要考虑时间和空间等的多维坐标体系，不能简单持有地理决定论，对地域性文化的思考也不能只来源于历史和传统，未来的趋势也是重要的因素。

在我国通常将地域文化的研究归在文化史的研究领域，如由中华孔子学会编辑委员会编辑出版的《中华地域文化集成》，是研究地域文化的国家级权威专著，就被归入文化史学科范畴中。但是，它实质上使用了文化人类学的研究方法——发展概念法，即趋向于从各种经验和证据出发进行理论化，从他们的所见所闻或者从地下挖掘出的文化遗物中建立文化的概念。因而，也有观点认为将我国的地域文化研究体系纳入人类文化学范畴应该更为妥当，也更加有利于国际沟通与交流。当然，地域文化也可以看作历史学与人类文化学的交叉研究，人类学与相邻诸学科之间的交叉十分活跃，这是世界上这一学科发展的新趋向。

作为一种独特文化，地域文化具有自己的基本特征，归纳起来主要有四个方面：一是地域文化的普遍性，每个地域都有其独特的文化标记，如治理结构、行为方式、语言系统、经济体系、文化经典、代表人物和一定的宗教信仰、价值观念等；二是地域文化的群体性，地域文化是地域群体所创造的，地域群体的每个成员都认同这种高度一致的群体文化，并对其有一种归属感；三是地域文化的渗透性，各个地域范围的文化都在历史的发展中不断碰撞、交流、转化，相互补充、影响及融合，所以各个地域范围的文化既有其独具的地域特色，又具有中华民族传统文化的统一性；四是地域文化的继承性，每个文化圈内的文化都在代代相传，如文化精髓、传统建筑、民风民俗及传统技艺等。

（二）地域文化的价值

地域文化的价值体现在很多方面，其包括社会价值、经济价值、历史文化价值及人文价值等，它们构成了地域文化的价值，这也是地域文化重要性的体现。具有自身特色的地域文化是源远流长、博大精深的民族文化的有机组成部分，是文化多元发展的重要载体和具体体现。地域性是全球化发展后更为突出的概念。在经济全球一体化进程中，某种文化由于经济地位等的优势，具有相对较强的地位，以至于在全球范围内都有很大的影响，但也存在无差异性，而地域文化正好能弥补这一点，地域文化的力量往往深深熔铸着民族的独特生命力。如今，文化对商业的影响越来越大，由于消费者越来越趋向具有文化意义的消费，各品牌的产品、销售都注入了自己独特的文化，很多产品更是强调了地域文化的代入，把民族的、地域的变成世界的，提高产品的文化附加值。不仅是对于商品，对于城市而言，地域文化的融入更重要，地域文化已成为区域经济和文化发展的重要源泉，特别为城市的发展提供了精神动力和文化氛围。地域文化是一种独有的稀有资源，城市在发展的同时，要挖掘其地域文化的资源优势，打造城市文化品牌，充分发挥地域文化优势，这既能有效带动和促进城市政治、经济、社会发展，也能塑造和培育新的民族精神。

每个城市发展的历史轨迹、地理特征等时间和空间的多样性和特殊性，使得每个地方都有其鲜明独特的地域文化，这样的文化也必然是个性和多元化的，不同地域文化影响下的城市也就呈现出不一样的性格品质。人类是创造文化的主体，而人的生存和文化的发展又都是在一定的区域进行的，必然存在着地域性和差异性，因此，产生于这一差异之上的地域文化对于民族精神的形成和发展也必然会产生重要影响。城市品牌视觉形象中反映出来的地域性正是地域文化的一种体现形式，它是城市品牌形象的源泉和内涵核心。如果脱离地域文化，城市形象设计就会缺少有灵魂的素材与元素，也就无法体现出这个城市的本质和精神内涵。如果一个城市的品牌形象体系，不能反映出城市最本质的东西，不但起不到预期的积极作用，反而可能会给城市的发展和品牌形象的建立带来一些负面影响。

我国各地区的地域文化是中华民族精神得以不断塑造培育的不竭源泉，我们对城市进行品牌形象塑造过程中的一个重要目的，也正是通过城市中视觉形象信息的表达来间接传播地域文化与民族精神。民族文化的发展和民族精神的传承，是对地域文化先进元素和优秀部分的吸收、聚合、凝聚和升华。它们还对地域文化起到引导、凝聚、规范的作用，还能促进地域文化的融合、拓展、认同和融合。在发展的过程中，地域文化凭借地域优势创造和积累了自己的个性风格，接受了新的内容，为民族文化和民族精神的形成和升华赋予了充足的滋养和能量。地域文化不是静态的，它是一个过程，是一个开放的系统。它应该随着时代的发展和社会的进步而不断调整、更新和重塑，地域文化要发展和创新，要始终保持与时俱进的生命力和活力。在城市品牌视觉形象的构建中，要体现城市的文化，重点能体现出该城市独特的地域文化的价值。

1. 社会价值

随着社会的发展，城市之间的竞争也更加激烈，城市之间的社会资源摩擦逐渐加大，因此城市品牌视觉形象必须要体现出城市的社会价值，才能在社会资源竞争中取得主导地位。城市品牌视觉形象在未来城市的竞争与发展中，要体现出城市得天独厚的优势，才能带来无限的资产价值。具有地域文化特色的城市品牌视觉形象设计不仅能提升城市形象的辨识度，也能使城市深厚的人文历史得到充分的创新传承，还能体现现代城市的时尚品位。它是推动地区社会、经济等全面发展的重要力量，是促进城市品牌形象塑造的必要手段，是增强城市实力和竞争力的有效方式。

2. 经济价值

经济发展是检验一座城市的重要指标，尤其是在市场经济机制下，城市形象也是城市的经济水平、经济类型、经济特征的价值体现。因此，城市品牌视觉形象的经济价值特征体现，能够与城市的经济发展方向和经济运行模式相互影响。注重城市形象产业、形象企业和形象产品的市场开发，都能为城市形象增添光彩并带来经济价值。如青岛啤酒、重庆火锅等都成了城市的品牌形象代言产品，也为城市经济的发展起到一定的作用。

3. 历史文化价值

对于一座城市而言，历史文化是它的灵魂，是城市地域文化的范畴，如人物事迹、传统艺术、诗词歌赋等，这些都构成了城市内涵的精髓与底蕴，彰显了这座城市的历史文化风貌。城市品牌视觉形象设计体现了该城市的地域文化以及延续发展的理念，是对城市历史元素的传承与重现，使城市历史文脉在城市视觉形象中得到价值体现。

比如北京的王府井，它是北京甚至是我国具有代表性的繁华商业区，是众多百年老店和本土品牌的发源地。其中，王府老井是这条大街的象征，它得名于1905年，因井水甘甜故名声特别响亮，其遗址仍是北京的一个重要景点。王府井大街记载着古城北京商业的繁华历史，如果王府井大街从北京消失，那么北京的商业历史就意味着中断。再如英国伦敦的红色双层巴士、日本银座的和光百货等，都在向人们述说着这座城市的历史与文化。可以肯定地说，一座城市的地域文化是构成城市视觉形象的精髓与魂魄，城市品牌视觉形象识别系统应将其作为最重要的识别因素去实现它的价值。

4. 人文艺术价值

人文艺术内涵是一座城市文化的重要组成部分，是在城市发展的演变延伸中逐渐积累形成的，我们要对城市的人文精神有深刻的理解，通过对它的精髓提炼，融入城市品牌视觉形象建设中，使其被肯定和记忆。地域文化的人文精神必须有它的独特性，并将这种独特性进行发掘和提炼，成为城市品牌视觉形象塑造和传播的重要手段，为城市资源创造出无形的品牌价值。

二、城市品牌视觉形象与地域文化的互动关系

地域文化是城市品牌视觉形象构建的核心内涵，如果城市品牌视觉形象没有良好地融合在该城市的地域文化之中，即使视觉效果再好，它也只是一个缺少灵魂的躯壳，并且不能够代表任何一个城市，不能够服务于城市，不能够被大众所认同，也不能够起到使该城市的文化发扬光大的作用。

（一）地域文化是构建城市品牌视觉形象的核心动力

在全球一体化背景下，越是现代化的城市，越是容易产生同质化。

而城市品牌的构建，是为了产生差异性，因此其必须是创新的。纵观中外城市，在今天能够被人们熟悉和称道的，都是那些有特殊人文情感的城市，并在城市品牌的视觉形象塑造中突显着自己的历史与文化。城市是人、自然与社会相互联系发展的和谐空间体系，在城市中的空间感觉不仅是空间的大小，还包括人们在城市空间环境中所体验到的城市气质等。因此，创造渗透着独特地域文化的城市品牌视觉形象是差异性品牌塑造的一个重要的手段。它的关键是在城市品牌视觉形象多方面通过融合当地的地域文化，以视觉符号信息的形式进行传播给大众。其内容大到城市整体形象包装与推广，小到店面店牌设计、个体形象设计等，都要争取做到普遍意义的文化创新和品牌创新，致力于整体社会空间的视觉再创造，塑造出独特深刻的城市印象，让受众产生对这个城市的认同感与文化归属感。从城市品牌视觉上创造城市良好的文化与生态环境，对于独特城市品牌的打造也兼容了一定的群体审美与文化意识。

城市品牌视觉形象的设计，既要体现设计者的审美情趣和设计技巧，又要符合一个地区城市居民整体的文化水平、艺术修养及审美水平。城市形象视觉系统设计的好坏直接影响城市的整体形象在公众心目中的印象，也会影响这个城市的自然景观、人文历史、民俗文化等的传播与认同。因此，在进行城市品牌视觉形象设计过程中，要注重城市中的自然环境元素，又要注重城市的人文历史文化中的典型元素，并将它们提炼出来作为基础视觉符号进行再创作，突显城市典型的地域性文化特色，设计出符合城市独特地域文化内涵的视觉形象。

随着城市品牌形象建设在城市发展中的作用越来越大，城市的发展面临着更加激烈的竞争，国内很多城市纷纷加入城市品牌视觉形象建设的队伍中，同时也越来越注重挖掘自身的地域文化与现代发展特点相结合，来打造城市自身的品牌视觉形象。比如中国香港特别行政区，其城市品牌是一个推动香港成为"亚洲国际都会"的规划，这项规划的一个重要内容，是设立一个代表香港的形象LOGO，以在国际舞台上广泛宣传香港。最终代表香港的城市LOGO是设计新颖的飞龙形象，它既突显出香港的历史背景和文化传统，又反映香港的东西文化荟萃的特点，图案中巧妙地把"香港"两字和香港的英文缩写"HK"结合起来，并附有"亚洲国际都会"的主题字眼，很好地体现了香港的城市形象定位。

城市视觉形象图案设计目的是让更多的人知道，并以此来促进城市品牌视觉形象的建立与发展，让其与城市形成关联性。在国际以及国内香港精神的宣传与代表方面，飞龙视觉形象的出现会让人们联想到香港，它已经成为香港一种潜移默化的认识与品牌形象，此LOGO必定从始至终代表着香港这个城市的历史、文化与人们心目中的形象。

（二）城市品牌视觉形象设计是地域文化传承创新的助推力

如今，城市的现代化建设使得城市得到高速发展，但"千城一面"的建设使城市越来越趋同，产生了同质性的文化现象，城市自身的"人文情结"在慢慢消逝，城市文化缺乏生命力和个性。个性化的城市文化特征，往往表现为某些方面的超前性。独特城市视觉形象设计的表现不仅有助于城市品牌视觉形象的塑造，而且对于城市文化的宣传与地域性文化的传承与创新都具有一定的渗透作用。城市品牌视觉形象的设计要在历史传统文化中提取精华，就是让传统文化的生命得以延续，保留城市的历史记忆和情怀，让更多的人真正了解城市的历史和文化，使城市的传统地域文化价值在人们的心中形成情感共鸣和情感记忆，突出城市是市民心里的归宿。其中如城市的标志LOGO，城市建筑的整体色彩规划、城市道路的标识导向指示设计、城市宣传广告等所带来的美好体验与享受，都是能够构成城市可持续发展的一种资源。一个优秀的视觉环境，不仅是为了满足公众日常的出行需求，或是承担已经拥有的意蕴和感情，更重要的是在新的探索中充当文化的导向和促进作用。因为文化传播的意义也不仅在于传承历史，还有一种现代的情感和未来的指向性。

在城市发展过程中机遇与挑战同在，从这方面看，要强调国际国内城市间的交流、合作与竞争，让城市走向新的舞台。以城市文化为核心内涵的城市品牌视觉形象在这方面能起到推动作用，"越是民族的就越是世界的"，地域文化特色的视觉符号表征及形象，作为城市发展的体现、历史文脉的象征和文化特色的反映，对公众具有独特的艺术价值和审美导向。这对于城市文化的传承与创新，乃至上升到民族博大精深的文化传承都意义深远。

在城市品牌视觉形象的塑造中，通常说一个城市的博物馆是这个地区历史文脉的档案馆，是文化橱窗和精神象征。博物馆是一个特殊的城市符号代表，它是一座城市传统文化的记忆体，新文化创造的发生器和多元文化群体精神家园的典型代表。比如苏州博物馆，新馆的陈列设计中对地域文化的考究可谓十分到位，无论是展室内的前言还是展品说明，行文言简意赅，引经据典，文采飞扬。言一物，尽得风流，意在揭示文物背后的苏州政治、经济、文化的隐征，且点到为止，启人以思。文字表述上都是既扣题又典雅，且具有文人文化的气质，富有苏州地方特色的吴文化韵味。不禁引人感慨："读了前言，看了展览，让人感受到了苏州文人的生活状态，感受到了苏州文化的博大精深。"通过图案将历史的文脉有条理地提炼出来，不仅能够作为博物馆识别推广的符号，而且可以作为一个地域历史文脉符号的代表，从而实现对地域文化的欣赏、传承与发扬光大，这种意义才是最深刻的，这也是城市品牌建设的有机构成。

三、不同地域文化的城市品牌视觉形象

凯文·林奇的《城市意象》通过研究城市市民心目中的城市意象，分析了城市的视觉品质，主要着眼于城市景观表象的清晰性或是可读性，即容易认知城市各构成部分并形成一个凝聚动态的特性，它的可读性是由可认知的各种视觉符号组成，是可以通过视觉领悟的相关联的形态。一个可读的城市，它的标志物、建筑、街区或是道路等，应该被容

易认知，进而形成一个完整的形态。

凯文·林奇认定"可读性"在城市布局中意义重大，进而通过具体分析，说明这一概念在当今城市重建中的作用。易读城市的理念就是要把一个地方联结起来，然后想一个合适的标志把这个地方标注出来，以便其功能或识别的运用。

在现代城市品牌视觉形象构建中，有一部分工作就是融合复杂的城市环境，产生简单的视觉可读信息，使复杂的事物简单化。当然，这不仅是改变图标和信息系统，或者把事物简单地凑合在城市中，而是要通过不同视角去认识这个城市并进行表现。行走在这个城市中的居民或者是游客，从城市的导向标识以及各项基础设施中，会对城市产生一种具有浓厚地域性文化特色的印象与认同感。因此设计一个"易读"的城市品牌形象，就必须学会解读所要设计的城市，尤其是要了解这个城市在自然地理风貌和人文历史因素等重要因素的综合作用下，在一个相对稳定的空间中和相当长的历史时期中逐步孕育和形成的地域文化。在一定区域空间内形成和发展起来的共同文化传统，塑造了该区域成员的共同个性、行为模式、心理倾向和精神结构，这种城市文化的认同对于一座城市具有特殊的功能，它足以标志着这个城市的特性塑造和这个城市居民的认同心理。对于不同文化孕育的城市，有自己不同的特色和创造力，其品牌视觉形象会有不同的体现。

（一）城市自然地理文化与品牌视觉形象

城市特定的自然地理环境与人文环境互相依存、互相影响、互相促进，共同向前发展，并且在一定的历史时期内表现出形态上的较大的稳定性。它表现在一个地域文化与另一个地域文化之间，没有明显的边界，在各自影响下的城市文化之间不可相互取代，具有独特性与唯一性。每一个地域的独特的地理环境也会孕育独特的群体性审美意识和文化思想，它是由城市中每一个个体的审美意识和文化思想综合体现出来的，这些都是独特地域文化的基础。基于自然地理文化之间的差异性与独特性，每个独特地域文化影响下的城市品牌视觉形象设计又都具有一定的稳定性与统一性。

由于每座城市的地理环境和人文环境具有相对的稳定性和唯一性，因此真正的城市文化内涵具备了一定的传承性，这点体现在城市品牌视觉形象设计上，最终的视觉信息传达运用的元素符号也就必然是属于这个城市的典型元素与文化符号。比如我国苏州与厦门两个城市的色彩规划设计均能体现这一特点，对苏州来说，品牌形象一定是去表现中国的传统水乡，江南的吴文化、姑苏文化，表现小桥流水人家的意蕴，对苏州城市色彩推荐的色谱归纳为"浓墨淡彩，写意江南"，重在体现抒情、精致、温婉的江南水乡的意境；而厦门"是一个把海的颜色放到城市里的地方"，它的地理区位又处于闽南的红砖文化区，传统闽南建筑中那种红砖红瓦，在蓝天碧海下呈现出骄人的颜色，这是厦门当地的地理背景与建筑的本土文化。因此在做色彩规划时，把浪漫抒情、滨海休闲的厦门和具有强烈的闽南传统的红砖文化区的厦门，融合在一起，最终的推荐色谱描述是"大色淡渲，彩墨奢意"。从中我们需要注重的是，这种有着一定的本土审美意识的，又有着海疆文化背景的色彩，在现代城市中要通过一种比较巧妙的手段表现出来。"彩墨画意"与江南水乡的水墨画不同，彩墨画是闽南地区有代表性的地方画派，它本身就有一种对色彩的偏好。

通过上述两个城市色彩规划的案例，可以看出不同的城市由于本身的自然地理风貌不同，对城市色彩的影响和体现也不同，这些影响因素包括城市文化内涵、物质形态载体以及自然环境等内容，都是进行城市品牌视觉形象设计，特别是城市色彩系统规划时需要考虑的，并且能够从中利用这些特点来展示其独有的城市风格与形象。

（二）城市历史文化与品牌视觉形象

历史文化是一座城市的灵魂和血脉，孕育了城市的独特气质内涵，其通过不断的传承和创新成为体现城市文化品位的重要因素，是一个城市文化个性的生动体现，也是一个城市成为文化名城的一种最独特的文化优势。如我国的曲阜，它是完全靠历史文化资源而让更多人认识的。一个城市的历史文化价值是源于这个城市的地域、环境、历史和传统，是城市过去和现在的浓缩，是物质实体和社会文化的提炼，世界文化名城意大利的佛罗伦萨也是这方面的典型例子。人文历史景观与文化是城市极具活力的视觉要素的源泉，是构成城市视觉形象的精神和灵魂。因此，在城市品牌视觉形象塑造过程中，除自然地理元素的识别，城市的历史、文化、风俗、习惯等人文状况，都应该作为城市品牌视觉形象识别系统中最重要的人文识别因素。从品牌形象传播角度看，视觉形象是城市的载体，而城市是文化的载体，它必然沉积了丰厚的历史文化遗存与结晶并综合反映出来，形成了一个城市最持久、最具资源潜力和最有文化人类学意义的独特品牌识别系统。

分析城市品牌视觉形象系统中的人文识别因素，应当综合考虑其历时性和共时性两方面。城市的历史、文化、风俗、民族等是长期沉积的结果，是一种历时性的遗产，而当代城市人的现实生活必须与历时性的人文遗产并存，这就是城市的一种共时性状况。在城市品牌视觉形象的人文识别创作与传播过程中，历时性和共时性都要兼顾，但通常以历时性的人文特征为主。如何在城市品牌视觉形象构建中对待城市中的传统地域文化，处理和妥善协调城市传统地域文化的传承和城市新文化发展之间的关系呢？一方面，以传统文化为根基进行创新。我们不能离开传统，空谈文化创新。任何时代的文化，都离不开对传统文化的传承，任何城市的文化，都不可能摒弃传统而从头开始。对于一座城市而言，如果漠视对其传统文化的批判性继承，那么其文化创新就会失去根基；另一方面，城市文化发展与品牌视觉形象塑造的关键是实现文化创新，这是社会实践的必然要求，是一个城市文化与品牌形象经久不衰的内在动力。要在文化交流、借鉴与融合的过程中，吸收其他文化的营养和有益成果，以我为主，为我所用，正确处理当代与传统、本土与外来文化的关系，实现文化活态传承。

还是以博物馆为例，国内很多城市的博物馆都建在城市的中心或者是城市近郊，其建筑一般是比较高大，还有很气派的广场，有些周围还有很多的喷泉、玻璃廊、罗马柱、雕塑等，但却很少保留或者再现一部分城市的历史遗迹作为一个视点。甚至在博物馆中的陈列品都大同小异，只不过是展品种类的多少的差别；对城市历史的文化脉络、地区的资源开发利用以及城市的发展很少做直观、系统的介绍。除了展览建筑和空间的体现外，博物馆的视觉形象设计系统也是博物馆的重要组成部分，也是博物馆对外传播的主要符号信息，因此其设计要突出相匹配的文化内涵。阿联酋的迪拜博物馆的VI运用在这方面就做了更深入的思考与实践。迪拜博物馆有明确的视觉形象设计系统（VI系统），在博物馆建筑内外部的一些关键部位以及相关的资料上时不时会出现传统的伊斯兰教纹样符号，而这些抽象或具象符号的不同组合和排列，给公众提供了相关历史文脉的信息以及文化情感的氛围。当公众参观完博物馆后带走博物馆的手册和纪念品离开，此后也会通过这些符号激发他们对那里的地域历史文明的回忆，让这种文脉感更加清晰。除此之外，迪拜这个城市的新城区建设和人居环境开发建设也较好地体现了对阿拉伯文化的传承与创新，很多新建筑和装饰纹样的造型设计，也都是从阿拉伯民族传统纹样中拓展和演变而来的。在色彩规划方面，整个城市的色调以及每个建筑的色彩都统一在米白色的主色调中。在这座城市里，历史文脉从来就没有脱节过，也没有因为现代化的快速进程和全盘跟随所谓的国际化而使自己本民族的文化断裂；相反，阿拉伯文化在这个现代化的城市里被现代的设计师们继续演绎成了内涵丰富的视觉语汇。

在城市品牌形象的构建中，对于传统地域文化的运用，可以理解为这个角度下的文化复归现象，其表现为一种回归意识、寻根意识、民族意识与设计意识的结合，体现了民族心理的延续与发展，同时也体现了民族审美特征的强化。人文历史文化是一种无法再生的文化与资源，其重要性不言而喻，一个无视历史文脉的继承和发展、文化含量和文化品位不高的城市品牌形象是缺少生命力的。

第二节　地域文化在城市品牌视觉形象设计中的运用

受大环境的影响，越来越多的城市意识到了城市视觉形象系统的重要性，不仅是大城市，还有小城市、城镇也都逐渐重视了起来。事实证明，好的城市视觉识别系统，对内产生凝聚力，使居民有归属感和向心力及认同感，对外能产生号召力和吸引力，有利于对外的文化形象传播和推广。好的城市品牌视觉形象视觉识别系统，特别是其中的城市标志，是城市特质、内涵和追求的最简洁直观的视觉符号，它可以成为该城市的代表性符号，是城市精神的外在体现，对该城市的宣传和发展起到了很重要的作用。近年来，国内外很多城市都注重城市视觉形象的设计，取得良好效应的也不少。比如，美国的大都市纽约，1977年成功推出了"I LOVE NY"（我爱纽约）城市标志，得到广泛传播，知名度提升，提高了旅游市场的收益。

我国当前的城市品牌视觉形象识别系统，特别是城市标志，整体上还是存在着一些问题，比较常见的如：城市视觉形象与城市定位不符、缺少个性内涵、过于追求形式而与地方实际脱节、缺少现代设计美感、形式美但意义空洞、不利于现代媒介传播等。其中最为典型的是缺少个性内涵，即"同质化"，很多城市的标志都是青山、绿水，要么就是多彩文字全部放在一起，形式、造型、色彩都高度类似，如果不考虑城市名称，很多标志图形可以直接用到别的城市上，毫无违和感，毫无个性和差异性。这样就很难塑造出独特的城市品牌视觉形象体系，推广和传播很难达到预期的效果。造成这种现象的原因有多个，比如城市发展定位不准确、前期调研分析不足、盲目跟风、过分强调自然风光形象等。笔者认为其中很重要的原因是忽略了该地区的地域文化，特别是本土的独特的地域文化。没有了本土地域文化的养料，城市视觉形象系统就很难茁壮成长，更谈不上开花结果。

地域文化是指在一个相对稳定的地域范围内，在一定的气候环境和自然地理等外在因素的特定环境下，由于历经持久的社会发展、历史洗涤，逐渐孕育和形成的具有自身独特的文化历史传承与审美积淀的文化现象。它们是在社会进程中，经过时间过滤，历史的积淀，取其精华，去其糟粕。不论是哪种形态的地域文化，它们是该地区群众所熟悉和能感受的，符合大众价值取向和审美喜好，其包含着当地人民甚至是全人类的情感和审美，因此能引起大众的共鸣。当代的城市品牌视觉形象的设计和传播，也是文化的传播、人文精神的传播。如果将本土地域文化融入其中，就更容易引起大众的情感共鸣和精神交流，有助于更好地塑造和传播城市的个性化品牌。

一、城市品牌视觉形象与地域文化的融合形式

当代城市视觉形象，如果只考虑形式美感，而不结合本土地域文化，可能设计出来的作品造型很美，但缺少内涵和个性，就如同没有血肉的空壳。因此，要融合地域文化，深层次地理解地域文化，通过再创造和艺术处理，将其准确地转化成视觉形态，而这个视觉形态中造型、颜色等都很和谐，并有独特丰富的内涵，最终形成一个"具有特殊意味的视觉形式"。这样的视觉形象才能引起大众的共鸣，具有更强的感召力，能更好地行使城市理念和文化推广的使命。杭州市的城市视觉形象设计就是一个很成功运用本土地域文化的例子，特别是其城市标志的设计。该城市标志以杭州中文名称的"杭"字为基础元素，结合杭州本土独特的地域元素水上航船、屋檐廊角、园林拱门、江南拱桥等，经过艺术的处理，创造出既符合现代艺术审美，又有其独特个性内涵的城市标志，并成为杭州的代表性视觉符号，准确地传达出杭州城市的人文风貌特征，也是其"精致和谐、大气开放"人文精神的完美体现。该视觉形

象的使用和传播，对杭州塑造和推广城市品牌起到重要的作用。又如海南省琼海市，借助博鳌亚洲论坛的契机，整体规划设计城市视觉形象，特别是全市的多个风情小镇，也都全面塑造了品牌形象，并融入了各自独特的地域文化，最终运用到旅游和农产品推广中，取得了较好的品牌效应。

那么，在当代城市视觉形象塑造中，应该怎样运用本土地域文化才能达到预期的效果呢？笔者认为不能生搬硬套，而是要深得精髓，和谐融汇。可以从以下两种形式进行融合。

（一）与地域文化视觉上融合

这种视觉上的元素包括形态、造型、色彩、肌理等。它们符合人们的审美格调和风俗喜好，更是有着本地的特有风格特征。这些元素可以通过艺术再创造，运用在城市品牌视觉形象的塑造上。比如海南黎族织锦上的图案，具有浓厚的地域特征，是黎族独特宝贵的文化遗产。海南一些黎族地区的市县如五指山市，在其视觉形象塑造中就运用了这些地域元素，使其具有很强的地域识别性和所指性，形成个性化差异，起到了很好的传播效果。

（二）与地域文化精神内涵上融合

地域文化是一个城市在历史、文化、民俗、地域特征的综合体现，它的内涵体现着地域的独特精神状态。因此，传统元素的寓意饱含一个城市特有的历史，体现了城市的品位与精神，区别于其他城市的精髓，引领着城市的未来，由此，地域文化在城市品牌视觉形象设计应用中不断得到传承。

任何形式的地域文化都包含其独特的精神文化内涵，深刻理解、领悟其意蕴，并让其赋予当代的城市视觉形象，就能使视觉形象更加有血有肉。这是对地域文化更深层次的运用，但它跟第一种方式并不冲突，甚至很多时候是相辅相成的。比如杭州城市标志，带有浓浓的西湖情和江南意，不用多解读，就能传递出杭州这座江南历史文化名城的特有气质底蕴。又如我国香港特别行政区的城市标志，腾飞的中国龙元素设计，给人以中华儿女的东方神韵以及腾飞的高贵精神内涵，同时符合香港的地位和发展趋势。

不可否认，当代城市品牌视觉形象设计需要结合本土地域文化，才能使其有魂，才能更好地传播城市文化和理念，促进城市的全面发展。

二、地域文化差异产生不同的城市品牌视觉形象

城市无论大小，在其自身的发展中都产生了自己独特的文化属性，形成了自己的城市风格。城市风格的形成与城市所在的自然地理位置、历史文化发展等地域文化有着最为直接的关系。城市风格是对城市传统文化和现代发展理念的延伸和向外扩散，它的形成是自然进化和人为建设过程的统一，在自然界和人为的环境中，万物自古以来都受到地理位置、气候特征、山川植被、风俗习惯、宗教信仰、文化传统等多方面因素的影响。在此基础上形成鲜明的独特的城市品牌视觉形象，通过图形、色彩等一切外在的形式向公众传达着丰富的视觉信息。

当代的城市品牌视觉形象设计，首要问题是城市品牌定位，在定位明确的前提下，把城市的文化属性与城市品牌视觉识别的视觉元素关联起来，在更高层次的城市竞争中创造城市美的差异。要做到这点既要依据历史形成的城市差别，又要根据各城市的具体条件、特定需求，抓住本市的形象特征，因地制宜，扬长避短，建立各种符合城市个性的标志和特色景观，创造各种既体现时代精神、反映居民意愿，又独具魅力的城市品牌视觉形象。如我国的城市，桂林山水甲天下，百里漓江奇峰林立，城镇网络山水环绕；苏州、绍兴等江南城市，"庭院多是宅，车马少于船""江南园林，小阁临流，粉墙低亚，得万于气象之变"；天津则是北方少有的河网众多的滨海城市；厦门鼓浪屿又是在澄碧如蓝的海水之上的"海上花园"。这些城市都有着自己的独特风格和个性风貌，从

不同层面上反映了城市的自我风格，如果在城市品牌视觉形象的设计中能很好地体现出这些特点，就能成为让公众产生情感共鸣和深刻记忆的城市品牌形象。

随着我国经济高速发展，城市文化软实力的建设也更受重视，国内城市纷纷推出城市品牌形象。虽然很多城市自然资源和文化资源都很丰富，但往往因为城市定位不准确，导致城市在塑造自己的品牌时缺少内涵和个性，城市视觉形象要么模糊不清，要么互相模仿，千城一面。下面我们分别从城市的功能与文化两方面，对国内不同地域的部分城市，结合品牌视觉形象的构建进行简析，探索城市如何形成具有持久生命力发展的品牌定位。

（一）北方传统文化下的城市品牌视觉形象

我国南北方的自然地理特征以及历史文化有较大的差别，也让当地的城市形成了各自独特的文化性格，在城市的方方面面中都有体现，其城市品牌视觉形象构建，也是在此准确定位的基础上进行的。比如地处北方的北京，其地位非同一般，是我国的政治和文化中心，加上本来特有的人文地理，使其在文学、艺术、建筑以及城市规划等各个领域都显示了非同一般的皇家气派，也造就了极其特殊的地域文化，成为北方文化的典型代表。说到北京，大众首先想到的可能是天安门、故宫、长城等代表性建筑，当然还有基于这些实体之上的优秀文化。其中京剧就是很有代表性的，因为京剧作为近代中国戏曲的代表，它形成于北京，时间是在1840年前后，盛行于20世纪三四十年代，时有"国剧"之称，现在它仍是全国最具影响力的大剧种。京剧表演艺术讲求虚实结合的表现手法，最大限度地超脱了舞台空间和时间的限制，以达到"以形传神，形神兼备"的艺术境界，这与中华民族以和平宁静思想追求意象表达的精神一脉相承。在造型方面，京剧脸谱是中国传统艺术形式，它具有深厚的民族特色，绚丽的色彩、夸张的造型、抽象神秘的图案、丰满完整的构图，均显示出了深刻的设计思想与内涵，反映了一种和谐圆满的美学观，折射出中国传统文化的是非道德观、价值观，堪称世界舞台上的瑰宝。北京的这种带有浓重皇家气派和典型文脉特色的地域文化，在城市品牌视觉形象的宣传中得到了深刻的体现。这些富有内涵和历史象征的元素，如代表皇权的色彩、建筑、传统图案等，被恰当地运用到了城市的很多设计上面。从外部环境来讲，城市个性的体现首先在于它要拥有让大众识别并进行宣传推广易识易记的标志，同时还体现在包括建筑等在内的基础设施的建设以及视觉感官文化氛围的识别。因此，采用具有相关地域文化内涵的元素来构成首都北京的城市形象视觉符号，不仅是一种城市精神的反映，而且也是一个国家文化的象征与代表。

2008年北京奥运会的视觉形象宣传设计中，从中国深厚的传统文化与现代气息的北京元素入手，提炼出了六种专用色彩：中国红、琉璃黄、国槐绿、青花蓝、长城灰和玉脂白，它们所构成的色彩体系十分有张力地彰显了北京的浓厚底蕴。这在奥运会的整体视觉形象设计中，结合象征吉祥、如意的云纹等传统辅助图形的应用，体现了现代设计的审美特征，视觉形象整体带有强烈地域性的同时又不乏国际化的识别特征，富有鲜明的中国特色与中华文化烙印，舞动在北京奥运会上，成为最美的中国色彩乐章。北京城市的品牌形象通过主办奥运会这一契机，瞬间从内敛、含蓄的中国文化中展现出来，这个城市乃至整个国家的形象都给全世界留下了深刻的印象。

（二）沿海发展城市的品牌视觉形象

我国南北方均有沿海城市，其地域风格特点也有一定的差别。北方海滨城市大连，依据其区位优越、环境优美、气候宜人、风光独秀的特点和城市基础好、规模大、城市化水平高的条件，实施"城市环境名牌战略"，营造最佳的城市投资环境和最宜人的居住环境，打造环境优美的国际名城。大连较早就开始重视城市品牌建设，并且注重对地域文化的体现。从1993年开始，大连在城市品牌视觉形象的地域性文化塑造方面基本上围绕政治、经济、文化、环境四个方面展开。从市政名人到科技名企，从环境优化到足球经济，从整体的城市规划开始，大规模的城市建设很快就走在全国主要城市的前面，欧式建筑与现代建筑交相辉映、星罗棋布的城市广场、花园式绿化环境。检索大连的名片箱，在过去二十多年里精心打造了一张又一张的城市名片，获得国家园林城市、世界花园城市等多项殊荣，并被誉为"北方明珠"。除了硬件的建设，大连对于软文化结合城市形象打造，提升城市品牌影响力方面也有很大的发展。在以政治名片、经济名片、环境名片同时打造的基础上，大连这个城市特别注重盘整既有的城市资源，在清晰的城市品牌视觉形象定位的基础上进行文化名片的塑造。时尚表演的频频造访、文化名人的群体性莅临，更多地体现在大连服装节和城市足球上，天桥上的云霓风光、城市足球的魅力，不仅使大连出镜率高，而且更传达着大连充满活力、全速发展的新兴海滨城市的特质，塑造了大连更加饱满的品牌形象。

相比大连，将自然环境与城市发展融合较好的沿海城市青岛，在独特的城市品牌视觉形象的塑造上又体现了不同的思路。与大连不同的是，青岛市工业名牌远远大于城市品牌。在青岛开始注重城市品牌的建设之前，青岛企业的品牌在全国是有名的，形成了以名牌企业集团为支柱的工业体系。与大连关注城市环境相比，青岛没有像大连在城市整体形象塑造方面做太多工作，但青岛本身巨大的魅力和不断崛起的城市经济也足以让人侧目。在以海尔为代表的明星企业为青岛的经济注入新的活力之外，青岛的文化活动也同样有声有色，如啤酒节、海洋节等。凡是去过青岛的人都知道，青岛的美，美在色彩，碧海、蓝天、绿树、红瓦、黄墙，这具有代表性的五种色系体现着一种令人心旷神怡的民乡情调；青岛的美，美在结构，道路规划的主次分明，依据地理环境建筑高低错落，层次颜色各异；青岛的美，美在和谐，山、海、路、建筑融为一体，整体环境和谐。过去的青岛形象标志是栈桥，现代的标志是红色火炬——五月的风，用两个不同的形象建筑，就能使人感受到时代的变迁与进步。这些都是青岛城市形象建设的重要体现，也是青岛地域文化的多方面运用。

大型体育运动会是很好的形象宣传契机，青岛市在成为2008年北京奥运会帆船赛的唯一合作伙伴之后，借奥运会的东风，除了为以海尔为代表的明星企业注入了活力之外，青岛市人民政府在《青岛奥运行动规划》中提出"利用青岛山、海、城一体、人和自然和谐共处的城市特点，做足海上运动的文章。高标准、高起点的规划设计奥运场馆和配套设施，以使青岛成为帆船之都，成为中国乃至世界知名的海上运动教育、科研、运动、休闲中心"的规划。为此政府成立了帆船之都品牌设计推广办公室，全力打造青岛的城市品牌视觉形象，青岛"帆船之都"的形象标志也就在此背景下诞生了。在之后城市品牌视觉形象的推广中，通过国际帆船比赛等活动的举办和宣传，不断加强城市品牌视觉形象的传播。加上青岛城市本身所拥有的优质资源与巨大魅力，在海尔、海信、澳柯玛、双星、青岛啤酒等工业品牌与旅游品牌的基础上，青岛成功塑造了城市的品牌形象。

（三）中西文化交融背景下的城市品牌视觉形象

地域文化虽有差异性，但并不是孤立的，不同文化之间是互相影响、互相促进、互相制约的。在某些特定的历史和地域条件下，其影响速度、程度和广度都是不同的。由于历史原因，我国港澳台三地受到外来文化的影响较多，它们的地域文化更加具有中华民族优秀文化与外来文化相互交融的特征，与内地文化观念存在着一些差别。它们在保持更为纯粹的中国传统文化的基础上，融入了更加具有国际主义审美倾向的外来文化，这对于传统文化而言是一种更高的考验与提升。在这种文化影响下的城市品牌视觉形象设计及其表现也更加具有明显的地域特色。

香港城市LOGO之所以采用飞龙造型是有相关设计背景的。首先，龙是中华民族的图腾，是一种东方精神文化的象征。之前香港虽然长期在英国的统治之下，但它的民族文化的根是东方的、是中国的。其次，飞龙使人想到一个成语——飞龙再生。香港被称为"东方之珠"，而这一美名逐渐被迅速崛起的上海所取代，再加上1997年的金融危机，使香港的经济大受影响，香港这座国际都市的地位不断受到动摇，香港特区政府正是基于这一点，来重新塑造香港的国际都市形象，让香港这条亚洲飞龙重新腾飞起来，焕发新的生机。香港的城市品牌建设的成功，主要是有着准确恰当的定位，并在城市形象中很好地体现出来。香港的城市品牌定位实际上是香港发展历史的积淀和文化的凝结，香港将自己定位为"亚洲国际都会"，更加开放化、国际化。香港城市品牌从最初提出构想到最终呈现，经历了很长一段时间，由比较权威的国际调查公司在全世界范围内进行香港形象的广泛调查，了解香港城市品牌视觉形象的现状，包括存在的优势和不足，以便能够对香港品牌进行准确定位，这一点对于城市品牌视觉识别的导入是很重要的。城市品牌的定位和城市的精神理念是城市品牌的根本，城市品牌视觉识别是城市品牌外在的必要表现。只有当城市的精神文化和它存在的功能融为一体时，城市的品牌魅力才得以更大地体现。

以上分析的北京、大连、青岛、香港几个国内城市，它们在城市品牌视觉形象塑造方面都算是比较成功的，在品牌形象建设过程中也有一些值得借鉴的理念与策略。第一，这些城市把城市品牌视觉形象作为城市发展规划当中的一部分，进行了城市品牌视觉形象的导入，有意识地对城市进行包装与设计，寻求城市的可持续发展，以提高知名度促进地区经济与文化的发展，使城市不再长期处于一种无意识的自然形成与发展状态。第二，这些城市率先认识到了给城市文化风格定位和属性"定位"是进行城市品牌视觉形象设计的基础，而城市品牌视觉形象的"个性"则源于该城市的历史特色、传统特色、地域特色、城市功能、社会需求等，在进行城市形象策划设计时，注重了强调城市的文化内涵与风格特点，塑造城市独特气质。从中我们可以看出，城市品牌的定位必须和城市历史文化、城市自然地理、城市精神气质等结合起来，赋予其特有的文化品格和文化内涵。城市品牌形象不是静态的，它是一个动态的文化构成，一个城市品牌要不断吸取历史和文化的营养来不断创新和自我美化，才能焕发真正的魅力。

第三节 融合地域文化的城市品牌视觉要素

企业的形象识别系统，包括三个部分，理念识别系统、行为识别系统以及视觉识别系统。城市品牌识别跟企业品牌识别有不可忽略的关联，在大体上也有精神、行为和视觉上的组成架构，但具体的应用和体现更加的多样化、内容更丰富。城市品牌视觉识别系统也体现城市的外观形象，这一形象层面在城市中因其显著的造型、外观、色彩、面积、结构、体量等，呈现为城市的外在因素，通过视觉传播，给公众留下城市印象。在品牌构建中，视觉识别设计的传播途径最为广泛，内容灵活多样，而且它受到受众欣赏水平的影响相对不大，一个恰当的有个性的设计，理解力较低的受众即使难以理解其内涵，也会对图形、色彩、视觉等信息留下深刻印象。因此，在视觉识别设计过程中，必须树立战略性的品牌设计思想，概括为以下几点：强烈的视觉冲击、精确的信息传达与独特的识别记忆。

阿根廷著名平面设计师巴布罗·康斯特（Pablo Consett）说过："无论是传播者也好接受者也好，我们共享着的不光是物质空间，同样共享着视觉空间，并且我们都同样是自身产物的见证人。"城市中的建筑物景观、道路交通景观、商业景观、旅游景观、自然景观、人文景观等，都可以成为城市品牌的直接体现，也是城市品牌的特色基础。只要有一个或几个极富个性的视觉景观存在，就能使人很容易跟这座城市产生视觉记忆关联，并强烈地感受到这一城市视觉形象的魅力。比如北京的天安门广场，已成为北京，乃至整个中国形象的视觉特征；上海外滩的"万国建筑群"，已成为上海无可替代的建筑景观标志；沈阳的故宫、商业步行街等，已成为沈阳亮丽的风景线。而天安门广场的升旗仪式、济南交警的上岗风范、苏州的小桥流水、哈尔滨的冰雕、沈阳的广场大秧歌等，同样也都是城市视觉形象的典型特色。

城市品牌视觉识别设计的专业性、直观性很强，下面我们主要从国内外城市视觉形象识别的部分设计构成中，对其城市地域性文化的体现进行相关的分析。城市品牌形象识别系统大致包括两个方面：一是基础系统，包括城市品牌LOGO、城市品牌标准色、城市品牌标准字、城市品牌辅助图形、城市品牌IP形象等；二是应用系统，包括城市品牌色彩规划、城市品牌广告系统、城市基础设施（包括交通导向牌、路灯、电话亭、书报亭、座椅等相关内容）、城市纪念品（旅游景观、人文景观）、城市大型活动的举办及城市政府等法定机构、企业的形象等，具体的应用非常广泛，涉及城市的各个方面。

一、城市品牌视觉形象识别之基础系统

（一）凝聚城市文化的城市标志

城市标志包括城市的标志性建筑、市花、市树等城市标志物以及创作出来的城市LOGO及其相关延伸和辅助的图形符号。如武汉市的黄鹤楼、岳阳市的岳阳楼，杭州市的六和塔等，都可以说是城市的标志物。融入地域性文化的符号性标志的设计是城市品牌视觉形象基础系统中的核心图形元素，它能起到很好的传播效果。1977年，纽约设计了自己的城市品牌LOGO：I LOVE NY（我爱纽约），受到纽约人民，甚至全世界的喜爱，它作为一种符号成为人们对这个城市的感知和记忆。

在前面章节曾分析过的香港城市品牌LOGO，从创意设计的诞生到在城市品牌宣传的实际应用当中，都得到了公众的一致认同，这也证明了香港飞龙图形以及文字、色彩、标准组合等的标志及延伸设计，具有很高的识别性。我们来具体解析一下它的设计：第一，在图形方面，标志巧妙地隐含了中文"香港"与香港英文的缩写"H"和"K"，以图反映香港东西方文化兼容并蓄的特色；标志图形的设计富有动感，充满时代气息，代表香港人勇于冒险创新、积极进取的精神；飞龙的流线型姿

态给予人前进感和速度感，象征香港在百年历史长河中不断蜕变演进。第二，"亚洲国际都会"的大标题在设计上和核心标志融为一体，突出了香港城市品牌的定位。第三，主色彩沿用了反映中国传统文化的红、黄、黑色系，龙身的红黄表现城市向上奋发的活力，而黑色则承袭了中国书法的精髓，旨在反映香港城市品牌设计中蕴含的中国历史。中英文字体的组合设计力求体现时代感和美感，字体现代简洁，与标志风格相协调，整体搭配相得益彰。

还有"帆船之都"青岛的城市品牌LOGO，它的设计以体现海文化为主，也包含地域性文化的特色。LOGO的主体图形似一艘扬起风帆、正在远航的帆船，隐含着"青岛"两个字的首字母"Q"和"D"的缩影。整体简洁明快，充满张力和动感，富有浓郁的现代气息；主题鲜明、色彩丰富，蕴含着奥运五环，又体现了青岛是2008年北京奥运会帆船比赛的举办城市青岛"红瓦绿树、碧海蓝天"的城市特色。它像一张五彩的城市名片，向人们展现出一个崭新的、发展的、充满生命力的青岛。

城市LOGO代表着一座城市的品牌形象，体现出该城市的理念和文化，还可以从旅游、招商等领域为城市经济与发展提供服务，成为代表城市的文化符号。因此，一个良好的城市标志要具备能够满足让大众产生共鸣性的感知，反映城市人特有心理的文化符号的特征，才能承担起更多的职能。

（二）传递城市文化的城市色彩

色彩不仅能营造美，也能传递情感和信息。色彩具有第一视觉的特性，它总是能在第一时间吸引受众的视觉焦点。从城市环境来说，色彩是城市的第一道风景线，每座城市都有它特有的色彩印象。色彩能够以突出的视觉特性彰显城市的历史脉络和本土风情，我们来到一个新城市，感官首先感受的是那里的建筑和环境的色彩。从人的感官角度来讲，城市的色彩就是城市的个性。某些自然环境的色彩是鲜明的，如海洋的蓝、森林的绿、沙漠的黄，或者是热带的红、寒带的白等。但是，如果用这些自然环境特征代表城市的颜色，色彩难免会雷同，比如，世界上有许多城市临海，它们都可以称作蓝色城市，蓝色也成了城市的主体色。但城市色彩不是单一的，不同的城市本身还是有很多不同的色彩资源，而且每个城市的历史文化传统不同，对城市色彩的影响也就不同，因此每个城市都有其独有的色彩特质。

这方面的案例在国内城市中也比较有代表性，例如在前面地域文化特色与城市品牌视觉形象的论述中提到的，苏州与厦门两个城市的色彩规划设计的定位。对苏州城市色彩的定位重在体现抒情、精致、温婉的江南水乡的意境，主要为素净、淡雅的特征，像浅灰、米白、青色等；而厦门在进行色彩规划时，色彩特征大致为清新、生动而又不乏深沉的底蕴，如蓝色、砖红色等，把滨海休闲与闽南传统的红砖文化融合在一起。又如广州是一个临海的、靠近北回归线的城市，日照时间非常长。广州城内现在已经很少能看到清代或者清代以前的岭南传统建筑，更多的是殖民地时期西洋式风格的建筑，或者是中西合璧的骑楼式建筑。这类建筑的色彩，多是用涂料呈现一种粉彩画的效果。所以广州的色彩特征可归纳为明媚、亮丽而饱满，如柠黄色、翠绿等象征性的色彩，这套颜色的光感非常强，能感受到广州阳光明媚和四季花城的色彩图景。在现代城市中，城市品牌色彩体系的规划和应用已成为城市品牌视觉形象建设中很重要的一部分。城市色彩的提炼和规划，要通过恰当的方式传达出来，使每个城市的色彩体系不仅具备一定的本土审美情趣，又具有城市形象显著的识别性和代表性。

（三）蕴涵城市文化的辅助图形

城市品牌视觉形象识别的辅助图形，主要是指用来配合城市品牌标志及城市吉祥物等进行城市品牌识别、传播的基本图形或图案。在品牌视觉系统基础部分，辅助图形的作用不容忽视，它是为了充实和丰富品牌的视觉形象，在核心设计理念基础上设计出来的，它与标志、标准色、辅助色相辅相成。在很多延展的应用设计中，标志结合辅助图形应用，可以得到丰富的视觉效果，起到统一视觉形象的双重作用，从而使最具代表性的品牌视觉形象被更丰富地塑造，引起社会公众的一致认可。在进行城市品牌视觉形象辅助识别图形设计的时候要从城市文化和公众的角度进行构思，争取使设计出来的辅助图形能在辅助城市LOGO等宣传的时候，能更加亲和、生动且给人以地域的归属感。丰富深厚的地域文化对城市品牌视觉形象辅助图形设计的参考总是源源不断，在凝聚着时空感的城市空间中，同一象征理念总有着多种指代的事物，这就要求我们从浓厚的城市地域文化中提炼创作出最有代表性的辅助图形。

与城市LOGO一样，辅助图形设计要与城市整体的自然、社会历史环境的氛围相协调，并尽量做到适合在多种载体上进行城市品牌视觉形象的应用和传播。辅助图形的设计形式通常有几种，一种是辅助图形的元素可以是从标志元素中直接提取；另一种是超越标志从与整体品牌形象塑造的理念中进行提炼，但是要注意讲求设计理念与表现手法的统一，或者在设计创意表现上作相关的延伸，具有较强的灵活性。重庆市城市品牌视觉形象识别辅助图形的设计就是从其标志设计文化中提炼出来的，以象形文字为元素的组合图形，应用在城市标志宣传海报等设计中与标志图形相配合，充分传达了重庆市的文化内涵、民俗风情、人民生活与环境地理等特点。

二、城市品牌视觉形象识别之应用系统

城市品牌视觉形象的构建规划，是在创作确定城市品牌形象基本识别符号及相关基础系统后，进行品牌形象识别的应用系统的规划和设计。这种规划要因时因地进行，每个城市的规模、发展水平、经济实力、文化氛围、传播需求等不同，对城市品牌视觉识别的具体实施和要求也不尽相同，要根据城市自身的实际情况分阶段进行。城市是居民的聚居体，是人生活的空间，无论是东方还是西方的城市，不同城市有差

异性也有许多共性的地方。对于品牌形象识别的应用系统，可以先从城市品牌视觉识别实施的共性因素来进行分析，总结出一些具有普遍性运用的载体和媒介物，然后才能进一步提炼和优化，最后在城市的品牌视觉识别设计时具体运用和再创作。城市品牌形象识别符号通常在城市中的应用要素主要有以下几个方面：

（一）合理有效的城市品牌广告

城市品牌形象识别的应用部分，与城市文化和宣传相关且应用率很高的是广告系统。城市品牌形象广告是指以现代各种传播媒体为媒介为城市文化做广告宣传。其根据媒体的类型可以划分为城市品牌的电视广告、报纸广告、网络广告、杂志广告、户外广告、新媒体广告等类别。但是根据不同媒体各自的特点以及城市品牌塑造的不同阶段与城市发展的特点，可以有目的、有计划地采用任何几种最有效的广告形式。例如，对于周期性比较短的电视广告和报纸广告，可以选择在城市品牌全新发布之初的一段时期内集中投放，效果会比较显著。像持续时间比较长的网络广告、户外广告，就需要在一段时间内对重要的传播内容作及时更新，不断吸引人们的注意而达到加强城市品牌视觉形象传播的效果，如公交车体广告、公交站牌宣传海报等。同时，要用好新媒体自媒体广告媒介，这类传播媒介形式灵活、传播速度快、互动性强，内容和形式都比较符合年轻群体，特别是短视频、直播等形式的传播，都是很重要的传播渠道。

（二）以人为本的城市导视图形

在城市建设中，硬件设施的建设最能给公众带来直接印象和感受。城市基础设施是城市硬件设施中最普通的但却是构成城市机体必不可少的一些环境设施，如城市公用电话亭、书报亭、路灯、公共座椅、照明系统等。城市里的照明系统不仅要亮起来，而且要讲究灯具颜色，城市与城市之间有区别，街道与街道也要有区别，但这些颜色还要有一个共同点，就是体现城市的精神和性质。同时，与这些硬件系统相配套的城市导视系统也非常重要，它服务于市民及旅客，用图形符号为人民生活提供便利，除了功能性，还要有美感，更重要的是要体现该城市的地域文化和特色，与城市品牌视觉形象统一风格，这是衡量一个城市基础建设的水平和程度的标准之一。比如城市中地域特色的视觉导向设计在交通道路和城市街道的应用也具有重大的意义，它对于社会的交通、人流的分布、区域的划分以及人们的生活起到了十分重要的作用，它带给人们极大的方便，并且可以提升城市的竞争力。在这方面日本有些值得借鉴的地方，如它的地图系统非常完善，细节考虑得很精确、很全面。导视部分用花岗岩制成，铺在地上。在道路标识系统方面，为了识别不同的路线，方便出行和管理，日本采用统一的道路编号系统，一般道路的路线编号主要分为国道编号和都道府县道编号，里面的国道编号为盾形标志，都道府县道编号为正六边形标志，使人一看就知道该如何行驶。

我国香港是购物的天堂，商业发达地段各种商家店铺琳琅满目，但导视系统比较完善，既有特色又很好地发挥了作用。比如旺角地区是到香港购物的血拼地，这里集水族宠物街、女人街、花园街等各种主题的特色街道于一体，那里琳琅满目的广告牌子就布满了整个天空。那些看似数不尽的新旧建筑、形形色色的餐饮食谱简直让人难辨东西，因此引入了道路的导视设计，将地标和地图以及道路指示牌紧密地结合在一起，独具特色的图形、文字、色彩明确地告诉游客身处的位置和方向。又如从视觉信息传达的角度看，英国伦敦地铁的相关导视系统是在视觉形象道路导向设计系统中比较成功的案例，它给这个城市与游客所带来的一切出行的方便，甚至影响到全世界所有地铁、铁路和其他交通工具的导向版面的设计。时至今日，我们仍然沿用这个设计，比如路线导视中的颜色区、角度统一、展示比例等方式。因此，要想成为一个地域性明显的国际化城市，建立起城市品牌基础识别符号系统并把它应用到城市基础设施的建设与形象表现中来，使城市品牌视觉识别符号遍布城市的每个角落，构成城市品牌视觉识别的一条特色风景线，融入城市人的生活，让人们处处能感受到城市品牌独特情感，对城市品牌的塑造和宣传是大有帮助的。

（三）承载地域文化的城市形象产品

对于旅游者等外来客人，城市品牌形象中硬件设施让他们在城市里的功能和空间体验，图形符号给他们直观的视觉体验，但形象产品可以给他们更多的实用和分享体验。城市形象产品是某个城市被赋予了代表性、象征性的产品，是城市品牌视觉形象的脸面或名片。在某种意义上说，形象产品是所在城市居民深感认同与荣誉的产品，它们可以成为一个城市走向世界各地的通行证。随着消费观念的变化，赋予产品文化特色、情趣、竞争和创新，是新时代消费的需求。一般人们到外地出差、旅游或探亲访友总会带一些自己家乡的特产给亲人、朋友，且总希望带一些当地的特产回家作为纪念或是馈赠亲友。因此，地方特产等城市特色产品是人们交往和沟通情感的媒介和纽带，开发城市的地域性文化特色城市形象产品，正是新一轮城市竞争发展大潮中必须予以认真关注的重要环节，是城市品牌形象构建的重要部分。另外，好的城市形象产品它具有流通快、范围广、数量多的特点，可以成为城市品牌形象识别的很好载体。通过对这些城市形象产品的开发以及外观、包装及宣传等的设计，使其承载着城市地域文化，这对城市品牌视觉形象的传播将会起到很好的推动效果。依据上述概括，城市形象产品大致可以划分为以下几种类型：

1.传统名牌产品

传统名牌产品是比较典型的城市形象产品，也是最能体现城市地域文化的产品。如海南的黎锦、苏州的刺绣、杭州的丝绸、北京的烤鸭等。城市悠久历史的深远影响，精湛的民间工艺的传承，使这些产品几乎可以成为其所在城市的代名词。

2.地方特色产品

地方特色产品主要是指那些在一定地区范围内有相当影响和代表

性，并有相当市场的地域产品。比如海南的椰子、拉萨的酥油茶，宁波的咸蟹等。但产品自身原因决定了有些地方名产很难走出其特定的区域范围，包括那些因产量有限而只能在当地自产自销的工农业产品以及因生活习俗所限只为当地居民所必需的手工艺品、生活用品等也都是地方形象产品的重要类别。如何结合现代科技突破这些局限，让这些产品能真正代表城市文化去突破区域性，是城市品牌建设需要去做的。

3.文化创意产品

文化创意产品是一种比较符合年轻消费群体的产品，它基于城市文化进行开发，更多注重于产品的创意和产品所包含的历史文化内涵，是目前更受欢迎的城市形象产品。如香港的回归纪念表、青岛的"五月的风"微缩雕塑等，都是典型的根植于当地历史文化内涵的形象产品。就未来社会城市生活的发展需求和大众消费情感而言，这类产品的市场前景是极为广阔的。

4.资源开发产品

资源开发产品是由于本地得天独厚的时空和地理优势产生的产品，如海口的椰汁、吉林的参、大同的煤、歙县的墨等。本地资源加上当地劳动者的勤劳和智慧，造就了独一无二的城市名产。有些虽然历史并不长，但也同样有着不可替代性，其地域形象特征是非常明显的。

（四）体现城市文化的城市景观

城市景观是城市的重要形象，城市景观系统的构成有多种形式，比如主体景观系统、道路景观系统、空间景观要素系统、节点系统、活动系统、空间符号利用系统、城市轮廓系统、高度系统、历史传统景观系统、方向标识系统、旅游观光系统、自然风貌系统等。其中标志性景观或建筑是人们最为关注的类别，即一个城市的标志性建筑、标志性景观，或者是标志性公共艺术、历史街区以及与之相呼应的识别系统等，一般表现为"之最"或"唯一"的特性，通常是人们心目中城市形象的代表。一个独特有个性的城市，应该有世界唯一或区域性第一的景观，景观的唯一性，也是城市的差异性表现之一。比如，一提到巴黎首先想到凯旋门、埃菲尔铁塔；一提到北京首先想到故宫、天安门或长城；一提到西安就想到大、小雁塔；一提到海南就想到天涯海角。从这个角度看，城市被浓缩为一个标志建筑、一个标志性景观、一个标志性雕塑等"形象代言物"。

一提起国际大都会上海，大家肯定想到了外滩、南京路、浦东陆家嘴地区的金茂大厦、东方明珠电视塔等，这些体现一个城市的标志性景观就成为一个城市的"形象代言物"。而上海的显赫不仅在于国际金融和贸易，它的真正价值还在于它特有的文化品位。如里弄文化、建筑文化、电影文化、租界文化、外滩文化、名人文化、服装文化、语言文化、市民文化、博物馆文化、广场文化、老字号文化，这个城市文化的稳定性还是非常明显的，它所体现在城市视觉形象中的城市景观与政治、地域性文化和历史意义都是十分有关的。近年来，很多城市为了塑造城市品牌形象，为了创建"标志性"景观，而去建广场、建筑、雕塑等，但由于没有考虑城市定位，没有融入城市的文化内涵，反而失去了城市自己的特色，无法真正形成人们心目中的城市"形象代言物"。像悉尼歌剧院、苏州博物馆这样的标志性建筑，深谙城市内涵与地域性文化的体现，都给人以历久弥新、过目不忘的印象。因此，在城市品牌战略中，以城市标志性景观作为城市品牌形象建设的一种途径，可以根据城市品牌的定位、理念及识别符号形象，结合城市地域文化来选择形象要素进行城市标志性景观的设计、修建，从而形成城市独创的标志性景观。

（五）综合城市特点的城市大型活动

举办大型活动是城市实力的体现，也是城市文化对外传播的有效手段。城市举办的大型活动如经济交流活动、大型运动会、文艺活动、大型展览等是城市进行经济、文化等对外交流的绝好机遇。在城市品牌视觉形象的塑造中，注重在盘整城市文化资源的基础上，策划举办与大众市民文化和社会发展相适应的交流活动，并且在活动的对内和对外宣传中，在视觉信息的传递上要注重突出表现城市地域性的文化特色，从整体上提升城市品牌的形象，争取创造一种城市独特的品牌文化。通过举办大型活动来大力提高城市知名度和美誉度，提升城市品牌视觉形象，美化城市环境和氛围，对加快城市自身品牌的建设发展有重要的意义，如北京奥运会、上海世博会的举办对于这两座城市甚至是中国的形象提高意义非凡。

固定地举办大型特色活动，是一个城市品牌视觉形象和城市文化水平、城市文化特色及城市文化整体性的体现和象征，大多世界上一流城市都有相应的招牌城市文化活动。它们通过举办大型的国际活动而名声远扬，如戛纳电影节是世界上规模最大的电影盛会之一，它使戛纳这个法国南部的海滨小城被世界影视人视作影坛圣地。国内同样也有一些城市如大连、青岛、潍坊、杭州等就根据自身的地域文化资源成功举办了欢乐节、服装节、啤酒节、风筝节与动漫节，其不同地区的文化特色通过活动的宣传，都在一定程度上对城市品牌及形象的塑造起到重要的推动作用。

（六）规范统一的城市机构形象

城市的运行离不开政府及各个职能机构的运作，这些机构在人们心目中是城市的权威代表，其对外传递的形象更为重要。它们代表着城市的政策和对外交往的城市品牌视觉形象，因此也必然成为城市品牌文化传播的窗口。城市政府进行城市品牌识别的应用要素主要有：政府办公建筑、城市旗帜、城市手册、政府办公用品、政府对外交往用品、城市礼品、政府接待物品、行政车辆等，城市品牌视觉形象识别可以在这些要素中进行体现。城市品牌标志不一定仅限城市政府使用，包括城市的一些职能机构，如法院、司法局、税务局等也可以与它们自己的标志一起使用，组合成为城市机构的代表符号，能有效地提高城市品牌的广泛识别与传播。

第四节 乡村振兴背景下乡村品牌的本土化体现

一、乡村振兴与乡村品牌建设

当前我国乡村振兴全面推进，在改革开放四十年建设成果的基础上，乡村振兴建设正在步入注重人文与自然相和谐、乡村形象塑造诉求差异和特色、全面塑造乡村文化形象的新阶段。为了深入贯彻新时代中国特色社会主义乡村振兴战略，在文化自信时代，乡村品牌形象建设也是推动乡村振兴，特别是推动新农村文化传承与现代文明发展建设的有力保障。很多乡村振兴朝着旅游业的方向发展，而若要发展乡村内的旅游资源，更需要当地建立具有代表性内涵的乡村品牌，进而才能令每一位投资者和游客均能将所见与乡村品牌联系起来，让乡村品牌与乡村特色文化资源、旅游资源以及自然资源高度结合，提升乡村旅游资源和文化的传播深度和广度。

二、乡村品牌视觉形象设计的本土化体现

在体现文化差异性的时代，要考虑如何充分挖掘地方文化特色，在乡村品牌视觉形象设计中融入地域文化。因此设计者在规划设计之前应该到乡村深入全面调研，探查其风土人情以及人文文化，还要调研村落的历史发展脉络。如果是历史悠久的村落，要争取在村民们的古代生活和迁徙路途中找到一些极具文化特色的内容。重点在于要找到地方文化中的内涵与核心，也就是乡村所有文化衍生品的核心起源点，而这个核心点及其辐射面就是在乡村品牌建设中需要着重传承和发扬的内涵。

有些村落的文化代表是信仰文化，有些村落是建筑文化，有些村落

是自然地理文化，有些村落是历史文化，有些村落是红色文化，等等，在构建乡村品牌视觉形象时，应重点运用这些文化。比如对于部分村落而言，本地信仰文化就是其文化源头，那么在设计乡村品牌形象时，设计师就可以将一些可以代表本地信仰文化的图腾等相关元素作为主要素材。也有一些地区以民族建筑作为特色，这种特色形象的成型基本都与当地的天气和生态环境相关，例如，需要躲避某种生物或充分利用当地环境特征达到遮阴效果等。这些建筑成型的出发点都是乡村在建设进程中通过生活而得来的发展经验，具有充分的应用价值。因此这样的村落在设计品牌形象时设计人员便可以将这类建筑特色作为参考点，设计一些在山林中隐蔽的乡村建筑作为视觉形象。当游客依照旅行指南到达乡村时，便能够通过品牌的视觉形象将品牌与实地相关联，进而感叹整个乡村风景的鬼斧神工。

乡村建立品牌视觉形象时比大城市的品牌形象构建要考虑的因素少很多，但地域文化是不可或缺的。既然地域文化是乡村资源中重要的构成部分，那么设计人员就要充分理解乡村地域文化，突出文化重心，才能够在品牌设计形象成品中充分展现乡村文化的内涵特征，并真正赋予乡村一套既可融合其文化内涵，也可融入其发展特色的品牌形象标识系统。

2016年首届琼海田园集市旅游文化节暨琼海全域5A级景区品牌发布会上，海南省琼海市面向社会正式发布了琼海全域5A级景区品牌，将该市全域13个镇独特的风情定位、标志和宣传语向外界展示，一幅"田园城市、幸福琼海"品牌标志"田园画卷"向全省全国展开启用。

此次发布的琼海城市LOGO中，以田园画卷作为核心设计主体，结合中国传统山水画卷与现代色彩的表现手法，很好地传达出琼海丰富多彩的海洋文化、农耕文化、红色文化，描绘了融万泉河、玉带滩、丝绸之路等景观于一体的美丽田园画卷，将"田园城市、幸福琼海"的主题通过视觉形式完美传达，尽展视觉之美好。

琼海按照"一镇一风情，一镇一特色，一镇一产业"的理念规划，将全市每个镇都根据自己的地域文化进行定位，构建了各自独特的品牌视觉形象。每个镇都有自己独特的形象LOGO及相关基础和应用系统，包括宣传语、品牌形象宣传片等，比如"农耕文明　康庄大路"大路镇，"嘉积新纪元"嘉积镇、"丝路天堂　潮汐博鳌"博鳌镇、"千年渔港　蔚蓝潭门"潭门镇、"椰韵小镇　时尚长坡"长坡镇、"湖伴七星　邑立塔洋"塔洋镇、"黎苗风彩　小调会山"会山镇、"万泉水乡　河畔人家"万泉镇、"风情万种　独念中原"中原镇、"红色家园　传奇阳江"阳江镇、"绿野仙踪　桃源龙江"龙江镇、"民俗浓郁　韵味石壁"石壁镇等，每一个镇的LOGO都有自己的独特内涵和形式，每一个镇的宣传语都有自己的文化特色和独特定位。如图5-1、图5-2所示，为琼海13个镇的形象设计。

琼海	博鳌	塔洋	万泉	侨乡彬村山
潭门	长坡	中原	石壁	阳江
龙江	嘉积	大路	会山	吖辣咪会山

图5-1

图 5-2

第六章

海南城市品牌视觉形象设计中地域文化元素的运用

第一节　海南城市品牌视觉形象设计的现状

2020年6月，国家正式发布《海南自由贸易港建设总体方案》，标志着海南自贸港建设进入新的阶段，海南迎来了新的机遇，同时也有新的竞争和挑战。海南在自贸岛建设展开对外经贸合作的过程中，加强文化和形象的传播，经贸发展可以提高文化交流内涵，同时文化交流可以促进经贸合作交流，两者是密不可分的。海南国际自贸港建设的宏伟蓝图正徐徐展开，目标为全球贸易、购物、旅游天堂的海南，需要有自身特色的城市品牌视觉形象，并且将其放置于文化建设与传播的核心地位。随着新媒体的出现，网络技术的发展，文化的传播形式、手段等都发生了巨大的改变，海南应如何更有效地做好城市品牌形象传播是特别值得探讨的。

一、海南品牌形象文化建设

在旅游省份或城市中，城市品牌视觉形象是游客最直观感受到的部分，是这些城市的代表性符号。如北京、西安、厦门等地，这些城市在人们的心中有着很深刻的记忆，这也得益于它们在城市品牌视觉形象设计方面取得的成功。在设计方面它们能够结合地域文化，塑造出有别于其他地方的视觉形象。海南有很多独特文化资源，如椰树文化、海洋文化、黎族文化、骑楼文化、热带文化，等等，与国际很多城市相比有很优越的差异性地域文化，如果能好好把握这些与众不同的文化并深挖其内涵和底蕴，势必能构建出出色的城市品牌形象，助力自贸港的建设。反之，自贸港建设的战略有益于海南的品牌形象传播。

在海南城市品牌视觉形象的建设过程中，我们可以更多地探析地方历史文脉和自然地理景观，开发出有别于传统的旅游省份的各种视觉图形。以海南省省会海口市为例，各层次、各单元的建设及形象设计也是本地居民或游客感受文化氛围的重要依靠，街道布景与分布、植被花卉的栽种、街头商贩和小店等均是海南省向外散发魅力的渠道。

（一）海口"双创"

海南省的省会海口市2015年为创建全国文明城市和国家卫生城市，号召全市上下迅速行动起来，举全市之力、集全民之智，打一场"双创"攻坚战，力争用三年时间捧回全国文明城市和国家卫生城市两块金字招牌。在此之前，海口的文明与卫生状况不仅与其他省会城市差一大截，也比省内兄弟市县慢半拍，与国际旅游岛中心城市、"首善之城"的地位极不相符。双创是一项提升城市品牌视觉形象、优化发展环境的基础性工程，它的开展能够改善城市风貌、提升城市品位、提高市民素质，这无疑有益于打造海南首善之城和现代化滨海城市，为建设更加文明、和谐、友善、美丽的海南国际旅游岛树立标杆，作出示范。

如今的海口，不仅有蓝天白云、椰风海韵，还有干净的大街小巷、文明的社区景区，更有热情善良的市民、高效贴心的服务、便捷的生活环境、饱满的城市活力……而这一切，都得益于海口的一种全新双创模式——创文创卫。视觉形象设计中，干净卫生也许成为不了一个多么夺目的点，但它是打造美好视觉形象的基础，因为卫生与文明，才会有美的变化，城市的星星点点的装饰和美化会因为双创的实行而更加熠熠生辉。

（二）城市生态形象

海口市的代表性花卉中，三角梅是其中之一，这种色彩艳丽的花卉为海口的各类景观增色不少。不同品种和不同颜色的三角梅成为海口市随处可见的鲜花景观，在街道旁，园内的三角梅从墙内溢出来，成为路边最为鲜艳的颜色；天桥两旁，也悬挂着茂盛的三角梅，掩盖住了冰冷的金属结构，仿佛一座座花桥；在公园、校园、医院、政府等各个公共场所或单位院内，也或多或少地种植了三角梅，可以说，三角梅是适宜热带的颜色，它能够承受高温暴晒的天气，也能带来鲜艳清新的热带颜色，使热带视觉更加靓丽多彩。

除此之外，鸡蛋花（缅栀子）、紫薇、龙船花等也均在海南生长得很好。植被方面，海南是我国热带雨林面积最大、物种多样性最为丰富的岛屿型地区，其植被类型多样，结构复杂，物种组成丰富。热带雨林分布广泛，主要分布在中南部山地，以五指山、鹦哥岭为中心。

海口是椰城，因椰子树而得盛名。海口市规划局曾开展过《海口市总体城市设计》问卷调查，诚邀广大市民说出心目中关于海口的美好愿景。总体城市设计共发放调查问卷2000余份，统计结果显示，最能代表海口城市品牌视觉形象的前三类景物是：椰子树、海滨沙滩、骑楼老街。

椰子树一年四季花开花落，果实不断，又大得引人注目，形象鲜明，所以大量的旅游照片、电视、电影中都有它的出场，成为和热带海岛、海滩景观高度结合在一起的文化形象。

椰树自有优点，在街道两旁整齐、笔直排列，甚至连间隔也是一样的，除了需定期清理椰子之外，此树生命力强，即使在强台风天也可以安然无恙。视觉上，给人带来整齐清晰的街道边景，无处不在的椰树形象，也强化着"椰城"的认同感，会给旅游带来一定的地标感，让游客看到椰树的时候，认同自己旅行的"意义"。此外，海南的"椰树精神"也是海南新时代城市精神的重要构成。

海口市滨海大道的椰树景观尤为突出，在东起滨海立交桥西至南港跨海铁路的中央绿化带上改种椰树和大叶油草，这条集交通、生活、旅游功能为一体的综合型城市干道，是集中体现海口城市风貌的重要窗口，在这条滨海大道上栽种椰子树，让广大市民和外来游客随处都能看到，使椰城名片名副其实。

无论海口还是三亚，街道绿化都可谓费尽心思，既要保持热带风情

（四季常青或颜色绚丽），还要与城市的"清新亮丽"互相作用，绿化带和绿化区往往需要遮蔽红土，与天海之蓝形成呼应，以干净的绿色和花朵的搭配，共同设计一个色彩相得益彰、具有画面感的理想形象。

（三）标志建筑风格

说到海口独特风格的标志建筑，就一定会提到海口的骑楼老街，它是海口市一处最具特色的街道景观，以其唯一性、独特性荣获首批十大"中国历史文化名街"的称号，作为一种外廊式的建筑艺术源远流长。海口浅色骑楼建筑既有浓厚的传统建筑特色，又有西方特点，还有南洋文化的建筑及装饰风格，并明显受到印度和阿拉伯建筑文化的影响，这些独特的建筑风格使一座骑楼就是一幅风景画。骑楼老街在其漫长的历史过程中，积淀了大量的历史文化遗迹，历史人文色彩丰富多样，历史上有十三个国家在这里开设了领事馆、教堂、邮局、银行、商会。有中国共产党琼崖一大会址、中山纪念堂；有西天庙、天后宫、武胜庙和冼太夫人庙；还有当时衣锦还乡的华侨富商为家乡建起的家族式连排骑楼，如邱氏祖屋、饶园等。

现如今，漫步在古老的骑楼老街，我们能在斑驳的苔藓和发黑的白色墙面上看到这片潮湿的土地上历史留下的痕迹。骑楼群虽已成为海口地标的旅游区，但原来的居民还居住在这里，他们一代又一代继承着祖辈的房子，狭窄的街道里电动车和人流川流不息，拥挤且嘈杂。这里面是人口颇为密集的地区，层层租客紧张地寓居在这座城市中，狭窄街道中密布着电线，视觉印象告诉我们，居住在这种地方的人多为社会底层。传统的商品批发也汇聚在了这一带，廉价鞋服、婚庆用品、音像电子、文体用品……还有老字号的海南饮品、餐饮、老爸茶馆……这些充满颜色冲击的商品被安放在沧桑的骑楼老街中，杂乱的摆放方式和同行业的商店群聚在一起，批发或购买物资的客人你来我往，商贩们骑着电动车拉满货物"危险地穿越"着骑楼的"心脏"。每个城市都有这样的老区，它往往延续着历史的故事，在商品经济刚刚繁荣的时代引领着社会的新潮，可惜，商品社会成熟之后，它们也就成为廉价的代名词。

政府投资修缮的骑楼，如今已经渐渐焕发出新的生机，新华路成为骑楼风情与现代商业街的完美结合地带，平整的砖石路面，洁白的墙面，民国时代的老字号字体镶嵌在商铺的门脸上，色彩鲜艳的木窗，充满海南风情的金属塑像散落在街道上……无论是当地市民的休闲生活还是游客的观光游览，这条街都能够带给人极好的心情，如果在蓝天白云的大好天气，光泽饱满，色彩丰富，特别适宜摄影。未来，整个骑楼可能都会慢慢改造为这样的优美有序的模式。

（四）传统与现代交织的生活区

在海口的老生活区，我们还能见到具有一定年代的小区楼房和散布在其周围的快餐店、小卖店、报刊亭等生活环境设施，那里的街道老旧，社区的闲散居民在喝茶聊天，这些场景让人感到亲切与踏实，并传递出浓浓的地域文化和情怀。老城的巷子和楼房或许已经斑驳和陈旧，但行走在这片区域时，身边的一切仿佛正在诉说着海南过去的故事，老城区给人一个静下来思考放松的空间，放下平日的焦虑和烦恼，沉浸在城市的历史中放空自己。

在海口万绿园边，滨海大道沿线都是高大现代的建筑，夜里建筑景观照明及主题灯光秀，使海岸线在绚丽的灯光变换之中充满了繁华梦幻之感，这也是海口的一张新名片。

除了海口、三亚，海南各县市因经济发展水平不一而展现出不同的街道视觉面貌，以澄迈县为代表的普通富裕县城呈现出杂乱的老街区和正在建设的规整的新街区两种面貌。但值得庆幸的是，旧城区的发展是遵循居民天然生活轨迹而形成的，看似杂乱的面貌之下，一切都井然有序，细细观赏，会有熟悉亲切之感。城市的命运大概就像是摊煎饼似的不断摊开扩大，新城区飞速扩展着，老城区在中心不断地破败，新城区的景观是一幢幢高楼拔地而起，宽阔的街道以及错落有致的写字楼和大商场，设计的是现代都市景观，呈现出干净整洁、繁荣先进的海南风貌。

蜂拥而至的电动车群，也是不可忽视的海岛视觉景观，除去中部的山地，环岛的广阔地带都是平原，加之各地公共交通不便，电动自行车成为市民首选的通勤交通工具。据可靠数据显示，海口市现有电动车数量在一百万以上，嘈杂的居民区，一个明显的标志就是道路两旁摆满了电动车。在路口，拥挤的电动车大军成为城市血脉交通里飞速流动的血液，有着浓浓的海岛风情。

传统海南乡村建筑，颇有味道的老房屋能够与周围建筑、自然景观和谐地融为一体。海南省在2015年时确定在海口市琼山区、琼海市、澄迈县、儋州市、万宁市、琼中黎族苗族自治县6个市（县、区）开展美丽乡村建设试点。

澄迈县规划三条美丽乡村带，通过古村落保护、农田综合整治、乡村环境改造、咖啡文化宣传等，建设适合生态观光、休闲度假、文化体验的美丽乡村。琼海市按照"打造田园城市、设计幸福琼海"的发展思路，重点打造休闲渔村、生态村庄、观光果园等特色村庄；琼中启动乡村公园建设品牌，以村级活动场所为中心，改造周边环境，建设球场、舞台、民族文化广场、休闲点等，推进乡村游、农家乐的项目。

（五）度假旅游与论坛

在三亚，尤以海棠湾为代表的"黄金海岸"，遍布五星级酒店、奢侈品店、富人区楼盘等，堪称自然景观与奢靡海岸风情相融合的典范，海棠湾海岸线保护得较好，远离市区，海滩均被各酒店、楼盘切割开来，自然视觉景观美丽清新。这些豪华酒店等建筑往往均为世界顶级设计公司设计，具有造型上的独特性，建筑外观多用玻璃、图层等，彰显现代化，甚至后现代的设计领先概念，在视觉上具有较强冲击力。往往这样的豪华海滩度假消费地带的视觉效果，是海南旅游推广最具代表性的视觉画面。

博鳌亚洲论坛是第一个把总部设在中国的国际会议组织，更是中国对外展示风采形象的重要通道。博鳌原本只是个淳朴的以捕渔业为主的小地方，街道少人也少，当地老百姓的主要营生就是捕鱼和种地，能让亚洲论坛抛弃北上广深杭等众多大城市而唯独看上了它，博鳌除了有美丽的玉带湾、全国重点文物保护单位的侨乡第一宅蔡家宅之外，还有万里海疆第一塔的博鳌禅寺等引人入胜的景点。

博鳌亚洲论坛举办时期是三四月，海南岛气候适应，环境清幽舒适，智能化的会议设施、高端的国际酒店、动静相宜的高尔夫球场、完善的运输交通设备，使博鳌的第三产业迅速发展，也搭建起来了海南与沿线国家与地区交流合作的新桥梁。博鳌亚洲论坛的视觉形象设计也全方位地体现着专业与高端，让全世界知道海南的今非昔比。

二、海南城市品牌视觉形象设计现状

放眼全国，当前的城市品牌视觉形象，特别是城市LOGO，整体上越来越好，但还是存在一些问题，比较常见的如：城市视觉形象与城市定位不符、缺少个性内涵、过于追求形式而与地方实际脱节、缺少现代设计美感、有形式美但意义空洞、不利于现代媒介传播等。

海南随着自贸港建设的推进，全省社会、经济等都得到很大的发展，对文化软实力的建设和传播也越来越重视，取得了较好的成果。海南省政府也推出了各种高质量的宣传片，并运用各种媒介渠道进行传播，甚至通过专门途径让这些宣传片及相关文化宣传走出国门，传播海南文化。比如海南黎族非遗黎锦的宣传片《当海南非遗"黎锦"遇上现代生活》（*Traditional Li Brocade in Modern Area*），在2020年春节前夕亮相美国纽约时报广场"中国屏"，来自世界各地的数百万游客和纽约市民一抬头便可感受海南"黎锦"的千年韵味。该宣传片从讲述海南黎锦3000年的悠久历史，2009年"黎族传统纺染织绣技艺"被联合国教科文组织列入首批急需保护的非物质文化遗产名录，以及近年来海南黎锦服饰在国内外大型赛事、秀场亮相和获奖的精彩瞬间，生动诠释了海南黎族传统纺染织绣技艺在保护传承与创新方面取得的喜人成效。黎锦非遗宣传片在美国纽约时报广场播放，不仅有利于更多的海外民众了解海南"黎锦"，更能进一步推动海南文化走向世界，助力海南品牌形象的构建。全省在城市品牌视觉形象构建方面也越加重视，在品牌定位、创意设计、文化体现、传播策略等方面都有了较大的提升。这些都体现出了海南省政府及有关部门认识到明确的城市品牌视觉形象定位的重要性，坚持通过城市品牌建设来加强提升城市竞争力的发展理念。

海南作为一个独立个体进行城市品牌构建设计，其创意、质量、效果等均达到较高的水平。但全省各个市县的重视度和建设水平不平衡，在城市LOGO、辅助图形、城市宣传片、城市色彩体系规划等方面存在着一些不足。所有市县最重视的基本都是形象宣传片，虽然各个市县的形象宣传片都能展示出其地域文化特点和自然地理优势，但还是稍微缺乏创意。这样的现状就很难让受众从海南的品牌形象视觉图形中感受到其独特的地域气质和内涵，自然也无法给他们留下美好的印象和深刻的记忆。我们应该把海南岛本土地方特色中形式美和精神美融合起来，通过艺术创意，应用到海南的城市品牌视觉形象设计中。

城市品牌形象的构建是一个系统的工程，包含硬系统和软系统，硬系统包括城市建筑、景观规划、文化硬件建设等；软系统主要如城市精神、城市标志、城市口号、城市色彩、城市广告及城市文化IP等，本书中对海南城市品牌视觉形象的研究主要是软系统部分。目前海南城市品牌视觉形象构建的整体现状主要体现在以下3点：

（一）城市品牌理念和构建处于初级阶段

海南定位为自由贸易港，打造全球消费中心，其城市形象建设应着重突出其定位，在新理念、新思想、新战略的格局下，将海南打造成更具活力、更具特色的世界消费之都、活力之城的品牌形象。目前，打造独特的城市品牌，在突显海南地域文化的同时，怎样才能更好地体现海南城市特有的活力，还应不断地去探索和发现，努力发掘海南的城市核心竞争力和品牌感召力。而海南各市县的品牌形象设计参差不齐，除了每个市县都有形象宣传片以外，有的市县有城市品牌视觉形象标志，有的市县没有，只有个别市县有旅游推广IP形象。各市县对于城市品牌视觉形象的设计构建重视情况也不一样，有些市县比较重视，甚至除了推出本市的形象推广片之外，还推出了市里各小镇的形象短片及形象标志，对小镇的农副产品也进行了新的包装设计和形象推广。

（二）城市品牌视觉形象中深层的文化内涵不够

通过调研发现有些形象片或形象标志没有对本地区的地域文化进行深入的挖掘，多数都停留在对旅游景点自然风光的元素运用上，这样就很难打造独特的海南城市品牌视觉形象，将无法取得最佳的宣传效果。海南各地有很多历史文化遗产、民俗文化等地域文化精华，但在地方市县的品牌形象设计中并没有得到很好的体现。

（三）城市品牌建设与传播缺乏整体规划

在自贸港建设背景下，海南省对城市形象构建和传播更加重视，也有了一定的成效。但海南各市县对于城市品牌视觉形象传播还存在短板，如传播力度小、传播内容和形式单一等。公众听到看到的只是一些外在的东西，没有深层次地去挖掘富有发展意义的文化内涵，在传播过程中没有科学缜密策划，对传播的途径和方法及接受的群体缺乏系统的研究与评价。海南各市县集中宣传展示的途径，是在每年的冬交会以及一些相关博览会上，主要以空间展示及展品的展示为主，在传播上还是比较被动和短暂的，这种方式只能在一定范围和时限内取得短期效应，缺乏持续性，不利于城市品牌形象构建。

海南的气质风貌是丰富饱满又多层次的，海南的村庄、街道、植被、建筑等均在诉说着属于本地的故事，海南既有现代高端的博鳌亚洲论坛，也有特色文化遗产的黎族茅草屋，这些都将是构建海南特色城市品牌视觉形象的重要基础。

第二节　海南本土地域文化元素

海南地域元素是指构成海南视觉形象的基本单元，是人们接受与传达海南视觉形象信息的工具与媒介，是视觉传达语言的单词与符号。其视觉语言承载着相对稳定的地域文化信息，具有海南气质的特殊视觉语言形式，是本土文化与视觉艺术相融合的重要标志，是民族性和地域性的视觉符号，因而人们可通过海南地域元素来认识和研究海南，认知海南不同时空的变化和事物静态与动态的所有信息。创建海南的视觉语言艺术符号体系，不仅能提升和深化海南的视觉形象，还能挖掘和弘扬海南历史，传承本地的民风民俗，更好地宣传海南。

其地域性元素及视觉符号语言的范畴包括以下三大方面：

（1）海南地域性的自然景观　如海洋文化、生态文化、热带岛屿等视觉语言符号。

（2）海南本土人文景观　如海南历史、民族民俗、传说故事、宗教文化、地方戏剧、红色文化、民间建筑和古旧遗迹等，是创建海南本土文化题材的视觉语言符号。

（3）海南热带岛屿色彩的视觉语言符号　如热带植物、民族服饰、民间建筑、特色瓜果、阳光海岸与沙滩等的色彩表达。

通过在城市品牌视觉形象构建上的应用，经过艺术提炼、概括和强化了思想与精神信息的载体，本土文化还能起到以下主要的作用：

（1）树立地域文化特色　突出其独特性和唯一性，促进中外游客与本岛的文化交流。顺应海南民族文化与地域文化的特色研究是适应国际旅游岛建设需要，提升本省文化内涵、艺术素养、文化品位及审美格调，满足游客的精神需求和物质需求。

（2）展现和弘扬民族传统文化　以海南元素的视觉符号为载体展

现和弘扬本岛的民族传统文化，传承海南的民俗风情，在突显艺术审美功能的同时，彰显海南地域文化的特点和气质。

（3）挖掘和弘扬海南历史　创建海南元素的视觉符号语言，并使之成为国际旅游岛的特殊名片，以提升海岛文化的附加值并刺激旅游消费。将旅游大省的人文精神、情感关怀、艺术品质、经济价值等集于一身，具有重要的社会意义和深远的历史影响。

第三节　海南城市品牌视觉形象设计中地域元素的运用

海南城市品牌视觉形象设计中用好地域文化的个性特征和品牌效应，可以增加表现力和传播力。把海南元素浓缩于城市品牌的视觉符号中，可传达海南独特的本土文化特征和时代烙印。

一、海南省品牌视觉形象

海南省，简称琼，别称琼州，位于中国南端。海南省是中国国土面积（陆地面积加海洋面积）第一大省，海南经济特区是中国最大和唯一的省级经济特区，海南岛是仅次于台湾岛的中国第二大岛。海南省北以琼州海峡与广东省划界，西临北部湾与广西壮族自治区相对，东濒南海与我国台湾地区对望。东南和南边在南海中与菲律宾、文莱和马来西亚等国家为邻。1988年4月，海南建省，成立海南经济特区。海南省地处热带北缘，属热带海洋性季风气候，全年暖热，雨量充沛，自然风光优美，旅游资源丰富。2020年6月，国家正式发布《海南自由贸易港建设整体方案》，海南进入发展新阶段。海南紧接着推出了两则海南自由贸易港宣传短片，一则是一分钟中文版的，一则是三十秒英文版的，并在央视播出，重点传播了海南自由贸易港建设的政策和发展目标。

海南在各宣传平台上常用的城市品牌视觉形象LOGO如图6-1所示，主要以海南拼音字母为主体，结合海南地域特色的贝壳、海南地图、黎族符号大力神、椰子树以及沙滩海岸等地域元素，用了置换和正负形等表现手法，整个LOGO视觉冲击力强，富有活力，色彩

阳光海南，度假天堂

图6-1

上使用多彩色进行表达，突出丰富的热带地域特色和旅游环境，符合海南"阳光海南，度假天堂"的旅游宣传定位。

海南最新的各种主题版本的宣传片有不同的侧重点，但都通过恢宏大气的镜头，精美的画质和独特的角度来展现海南地域文化精髓，充分展示了海南的自然美、人文美以及海南发展机遇等。2018年外交部省区市全球推介活动的海南推介宣传片《新时代的中国：美好新海南共享新机遇》，画面如图6-2～图6-6所示。全片贯穿"一起来海南"的邀请主题，很好地传播了海南的形象。

海南逐步探索、稳步推进中国特色自由贸易港建设，分步骤、分阶段建立自由贸易港政策和制度体系。海南自由贸易试验区建设的宏伟蓝图正徐徐展开。在2019年博鳌论坛"海南之夜"上，海南推出对外全

图6-2

图6-3

图6-4

图6-5

图6-6

球形象推介片《开放新高地　共享新未来》英文版。该片制作精美、大气恢宏，展示地域文化及特色优势，向世界全面地展现海南。该片部分画面如图6-7所示。其英文文案如下：

There is a beautiful line that circles the Earth, at latitude 18°N, and it crosses China in a magical place called Hainan.

She is beautiful, she is energetic. She is an open door welcoming the world. A bright future is dawning here. A bright light is shining here, quickly growing to illuminate the globe.

A new movement is starting here, a pilot Free Trade Zone is being built here, people, goods, and capital will begin to move freely here, and we want to share this beautiful future with you all.

Hainan is China's only tropical island provice and its coastline is 1900 kilometers long, the scenic coastal view goes on and on, the warm tropical sunlight nurtures a huge variety of products.

The air is clean and clean all year round. This first-class living environment has earned Hainan the nickname of "Health Island".

In the past, Hainan was a major stop on the ancient Maritime Silk Road, now it is an important point on the 21st Century Maritime Silk Road as well as China's vital gateway to the Pacific and Indian Oceans.

Its 5 nature deep-water ports are connected to a vast network of ocean routes linking major international trade channels. Its 3 international airports offer over 300 routes stretching across the globe creating light connections throughout the whole world.

Now, Hainan's 59-Country Visa-Free Entry Policy has been implemented and the free trade accounting system has officially been launched. Hainan has sped up integration with China's New International Land-Sea Trade Corridor.

The Government has worked hard to create a law-based, international and business-friendly environment. The international Arbitration Court, the Intellectual Property Court and the International Commercial Mediation Center all have there own establishments in Hainan.

The Pre-Establishment National Treatment management system and a "negative list" have been implemented in Hainan.

PwC, DTT, KPMG and EY, the Big Four accounting firms have gathered here to provide more international accounting legal, and consulting services for multinational companies that do business here.

Every April, the Boao Forum for Asia puts Hainan in the global spotlight, guests from all over the world are invited here to discuss win-win cooperation and share their wisdom.

International competitions and cultural exchange events including the Miss World Finals and the Hainan International Firm Festival have been held here frequently. International exchange platforms have been established, Hainan has opened her heart and joined the global dance.

Now on the banks of the South China Sea, the Hainan Pilot Free Trade Zone is being created, focusing on tourism, modern services and High-tech sectors and giving priority to 12 key industries laying a solid foundation for the creation of the Hainan Free Trade Zone.

Meanwhile, industries such as healthcare, financial insurance, MICE, modern logistic, marine industry, low-carbon manufacturing, high-tech, education, culture, and sports, keep growing. The tourism industry is developing at full strength, Atlantis and other world-class hotels welcome guests from all parts of the world, shopping, cruises and yacht tours and other new forms of tourism are thriving.

In Hainan, high-yield tropical agriculture is moving toward modernization and internationalization. Recently, Hainan's Internet industry has maintained an average annual growth rate of over 30%.

With strategic foresight, several major scientific and technological innovation bases are emerging rapidly, including Wenchang Aerospace Science and Technology Park for space exploration.

And the Sanya Institute of Deep Sea Science and Technology for deep sea exploration. The Nanfan Science and Technology Park is renown as the "Silicon Valley" of the Chinese Seed Industry. In the Boao Lecheng International Medical Tourism Pilot Zone, medical equipment and drugs keep up with advanced international standards with the help of a unique open policy.

In Haikou Jiangdong New District, a centralized exhibition area for Hainan's comprehensive opening up is being built.

The Sanya Central Business District is leading the establishment of an international tourism and shopping center. A broad platform for development is being presented to investors worldwide.

Alibaba, Temasek, and other well-known domestic and international enterprises have all set up offices here.

178

Hainan is becoming an investment hotspot.

China choose Hainan, and Hainan is making history.

If you choose Hainan, Hainan will help you achieve your dreams.

图6-7

海南省旅游和广电文化体育厅推出的海南旅游宣传片《阳光海南 度假天堂》中，海南紧握建设自由贸易试验区的契机，美好新海南的生动画卷正向世界徐徐展开，片中展示了海南省突出的旅游资源、人文内涵等多方面优势，增加了海南的旅游吸引力。该宣传片部分画面如图6-8所示，其文案如下：

当北纬18度的第一缕阳光贯穿海洋　碧海蓝天苏醒

沙岸椰林在阳光的轻抚下顷刻间变得璀璨

179

作为镶嵌在中国南海上的一颗明珠　海南四季无冬

热带风光与民族风情并存　浪漫旖旎和热情爽朗齐备

海南正迎来前所未有的发展机遇　建设自由贸易试验区

并逐步探索　稳步推进中国特色自由贸易港建设

美好新海南的生动画卷正向世界徐徐展开

在1944公里的海岸线上

已建成9个成熟的滨海旅游度假区　以及18个精品海湾项目

海南已有159家五星级及按五星级标准建设的酒店

环太平洋地区首家亚太兰蒂斯旅游综合体

也落户在美丽的"国家海岸"海棠湾

潜水　海钓　冲浪　帆板　帆船　摩托艇　水上自行车

飞鱼船等一系列的旅游文体活动

陪伴你度过难忘而珍贵的海洋时光

乘坐豪华游轮　在移动的度假胜地上　品味世界各地美食

参加游泳　音乐　电影　健身　各种主题party

在远离城市喧嚣的同时　获得难以想象的奢华　丰富的体验

海南不仅是自然美景的生态岛　更是独具魅力的文化岛

黎族传统纺染织绣技艺　儋州调声　琼剧等非物质文化遗产

以及海南丰富的历史文化　海洋文化　岛屿文化

民族民俗文化　红色文化　侨乡文化

以及生态文化　健康养身文化　现代时尚文化

共同打造出了独有而缤纷的文化旅程

环海南岛国际大帆船赛　环海南岛国际公路自行车赛等国际赛事

更是在传统之上为海南增添了一笔浓墨重彩的国际体验

丰富的自然资源　造就了海南舒适

温暖　纯净的养生体验　温泉资源遍布全岛

目前已形成海口观澜湖　琼海观塘　万宁兴隆

保亭七仙岭　三亚南田　儋州蓝洋等

6个温泉旅游度假区

海南正成为医疗旅游和健康养生的重要基地　博鳌乐城国际医疗旅游先行区

已吸引几十家具有国际水准的医疗机构入驻　成为重视养生的游客关注的焦点

45家高尔夫球会　73个高尔夫球场　让你在优雅的挥杆之间

尽享朋友的欢聚　感受坡地与海洋所组成的神奇魅力

得益于海南得天独厚的旅游资源　和博鳌亚洲论坛的品牌效应

会展旅游在海南得到了长足的发展

博鳌亚洲论坛　世界休闲旅游博览会

世界小姐决赛等一大批国际性

全国性的大型展会　论坛纷纷在海南落地

让海南成为中国的窗口　更成为世界的窗口

日月同辉满天星　全省处处是美景

海南作为全国首个全域旅游创建省份备受旅游爱好者的青睐

拥有乡村旅游资源点达440个　省级乡村旅游点34家　椰级乡村59个

到2020年　海南将建成100家椰级乡村旅游点　300家金牌农家乐

并成为国内外游客和本省居民回归田园生活

体验热带观光农业　休闲度假的重要旅游目的地

海南现存中国面积最大　保存最完好的热带原始雨林区

森林植被多样　是巨大的天然物种基因库

目前　海南依托10个自然保护区　11个森林以及滨海湿地贯通连片

整体打造了海南热带雨林旅游度假品牌

为每一个热爱自然的人　打造原汁原味的自然盛宴

美丽迷人的风情小镇　代表了海南独特的自然景观和人文风情

目前　海南正在打造100个特色产业风情小镇

如同美丽星辰　将海南岛点缀得璀璨夺目

新兴的产业旅游　也正在成为海南重要的一部分

文昌航天城

恒大海花岛等精品特色旅游项目不仅开启了跨界大融合的旅游新模式

更将提升旅游体验的深度与广度　谱写一曲全新的海南之歌

海南现今拥有多种多样的体验式新玩法

富力海洋欢乐世界　长影100主题公园

观澜湖狂野水世界等综合体将极大丰富你的度假体验

目前海南已有天涯海角、观澜湖、大小洞天、

热带森林天堂公园等12个婚庆基地

20多条蜜月婚庆旅游线路　建成了五指山房车露营地

三亚南天省态大观园房车露营地等房车露营基地　拥有4大低空飞行基地

如果你想更全面地认识海南　不妨登上全球唯一一条环岛高铁一探风光

感受千年原始制盐工序　吃生猛海鲜　泡火山温泉

乘一环高铁　足以拥抱整个海南

海南享有离岛免税和离境退税政策

三亚海棠湾国际购物中心　为全球最大的单体免税店

而遍布娱乐时尚广场及全岛的海南礼物体验店

齐聚了各类时尚潮品和海南特产

来海南"血拼"　并不虚此行

越来越开放的海南用最热情的态度欢迎来自全球各地的朋友

海南59国免签政策的全面施行　让你只需做出选择　即可享受

一起出发　写下你的独特海南旅行故事吧

阳光海南　度假天堂

沙岸椰林在阳光的轻抚下顷刻间变得璀璨
and the palm trees on the sandy shore shine bright in the sunlight

热带风光与民族风情共存
Local culture thrives in this tropical environment, with romance

图6-8

二、海南各市县品牌视觉形象

（一）海口——"丝路海口　都市田洋"

海口，别称"椰城"，海南省省会，国家"一带一路"战略支点城市，是海南省政治、经济、科技、文化中心和最大的交通枢纽。中国（海南）自由贸易试验区（港）核心城市，位于北纬19°31′～20°04′，东经110°07′～110°42′，地处海南岛北部，北濒琼州海峡。海口由本岛海南岛（部分）、离岛海甸岛、新埠岛组成，海口气候舒适宜人，生态环境一流，常年位居中华人民共和国生态环境部发布的全国169个地级及以上城市空气质量排名榜单之首，城市绿化覆盖率达43.5%，被世界卫生组织选定为中国第一个"世界健康城市"

试点地。

海口因地处海南第一大河——南渡江入海处而得名。随处可见的高大的椰子树使海口有着"椰城"的美称，空气质量常年居于全国前列，四季如春，生活环境宜人。海口或许没有大城市的繁华，但有它的从容和随性。在海口，湛蓝的天空、明媚的阳光，傍晚的彩霞，都能给人在别的城市所没有的感觉。海口有七百多年悠久历史的老街，作为海口的著名地标，向游人展示着它独特的建筑风貌。五公祠、琼台书院、府城鼓楼……每处都有它独特的文化内涵。海口的美，更在于街道陌巷中，得胜沙、水巷口、解放路……还有许多街角巷尾，都是海口最值得细细品味的地方。每到准点，钟声从长堤路的钟楼响起，时间缓缓流淌在海口这座"慢城市"中，包容和滋养着每一个在这里生活的人。海口是一座多面化的城市，每一个人都能在这里发现海口的美。

2019年中国（海南）国际热带农产品冬季交易会上，海口展厅所展示的宣传口号是"丝路海口 都市田洋"，其展位设计运用了世纪大桥、椰树等海口代表性的地域元素，海口特色明显，如图6-9所示。海口近年没有推出新的城市形象标志，但在海口市人民政府网站上，有一个中国海口政府门户网的LOGO，该LOGO是以海口拼音"Haikou"为主体，结合椰子树的造型，用了橙、蓝、绿三种颜色，突出了海口"椰城"的特色，如图6-10所示。

海口的宣传短片中包含印象海口、生态海口、国际海口、闪耀海口四个方面，主题是"从海口起航"（航海城市），通过海南地域特点，传

图6-9

图6-10

播海口城市形象。该宣传片的画面如图6-11所示，片中出现的地域形象主要有几类，一是自然地质风貌类的，如文明生态村、东寨港红树林、火山口地质公园、天鹅湖动物园等；二是建筑景观类的，如海口市国家帆船帆板基地公共码头、新埠岛国际游艇会、钟楼、海口骑楼老街、观澜湖华谊冯小刚电影公社、观澜湖高尔夫球场、万绿园、海口高铁东站、美兰国际机场、南港码头、新海港、复兴城互联网创业产业园、海南国际会展中心、世纪大桥、日月广场；三是非遗文化类相关的，如琼剧、骑楼小吃街等。

图6-11

（二）三亚——"新的东方明珠"

三亚，简称崖，古称崖州，别称鹿城。三亚市位于海南岛的最南端，是中国最南部的热带滨海旅游城市，有"东方夏威夷"的美称。这里有得天独厚的阳光，清新的空气，宜人的气候。有苍翠的椰林，美丽的港湾，细软的沙滩，习习的海风。三亚有许多景点，如天涯海角、鹿回头、南山文化旅游区、亚龙湾热带森林公园等。在三亚，可以在宋城千古情景区感受传统文化，可以潜水畅游海底世界，可以体会水上运动洋溢的激情，可以在天然氧吧中自由呼吸。

三亚崖州区是三亚文脉的发源之地，古代先贤在古崖州崇文重教，兴办书院，开启民智，留下了丰富的文化遗存。三亚还有独特的疍家文化，三亚疍家文化陈列馆是能了解到疍家文化的场所。

在三亚，自在观山，随心近海，享受与大自然的贴近，感受传统与现代的魅力，这里是一个充满神奇和有着无穷魅力的旅游度假胜地。2016年6月14日，中国科学院对外发布《中国宜居城市研究报告》，三亚宜居指数在全国40个城市中位居第三。2016年9月，三亚入选"中国地级市民生发展100强"。2017年2月，三亚入选第三批国家低碳城市试点之一。三亚也同时入选中国特色魅力城市200强及世界特色魅力城市200强。

三亚的城市品牌视觉形象LOGO，造型借鉴中国书法笔意表现手法，将三亚拼音字母"Sanya"与中文名称"三亚""天涯"的书法字体等元素巧妙组合，突出了三亚东西方文化荟萃的特点。图形取材于"凤舞天涯"之理念，突出三亚的"凤凰"文化，突显三亚作为旅游度假胜地的地域特征。LOGO下方以流畅的笔触造型与上部中英字体相呼应，构图形似滨海、沙滩、海湾的美丽自然景观，突出表现三亚"三湾"（亚龙湾、三亚湾、海棠湾）的地域形象特征，整个LOGO风格阳光、充满活力突出了旅游胜地的特点，如图6-12所示。

在2019年中国（海南）国际热带农产品冬季交易会上，三亚展厅的主题标语是"三亚 新的东方明珠"，通过三亚特色元素和造型体现了三亚的定位和发展目标，如图6-13所示。

图6-12   图6-13

三亚的城市形象宣传口号是"美丽三亚 浪漫天涯"，城市宣传片也紧扣这个主题，从"观山、近海、自然、激情、传统、味蕾、时尚、魅力"几方面展现三亚独特的地域文化内涵，突出了"幸福，从此开始"，同时结合三亚的旅游城市特点，重点展现旅游资源和旅游度假优势。宣传片文案采用双语形式，适合国际旅游城市的定位。该宣传片的部分画面如图6-14所示，其文案如下：

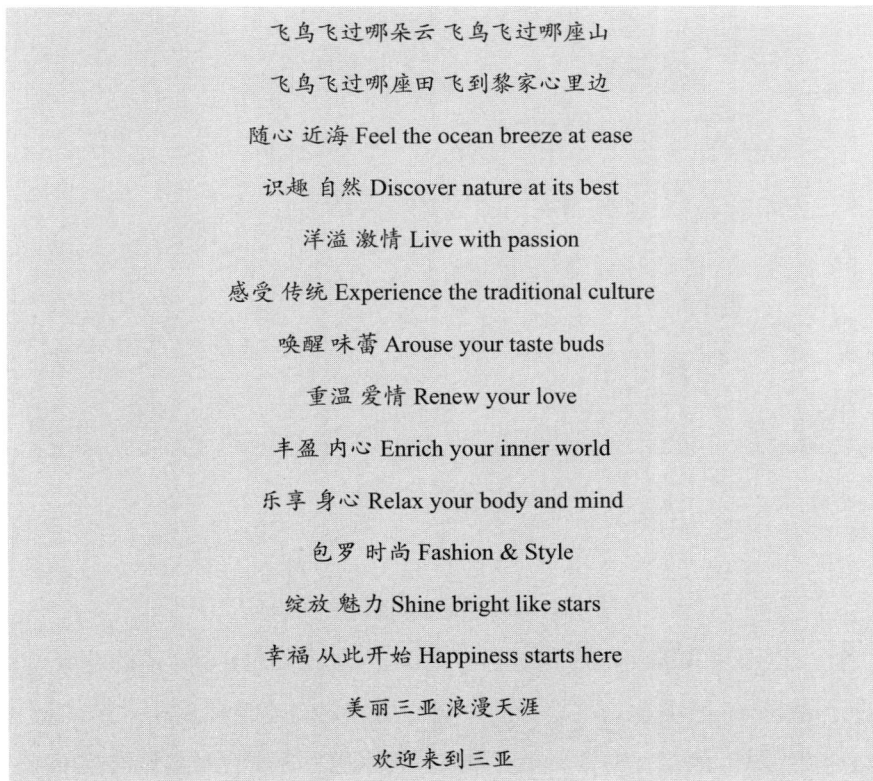

飞鸟飞过哪朵云 飞鸟飞过哪座山

飞鸟飞过哪座田 飞到黎家心里边

随心 近海 Feel the ocean breeze at ease

识趣 自然 Discover nature at its best

洋溢 激情 Live with passion

感受 传统 Experience the traditional culture

唤醒 味蕾 Arouse your taste buds

重温 爱情 Renew your love

丰盈 内心 Enrich your inner world

乐享 身心 Relax your body and mind

包罗 时尚 Fashion & Style

绽放 魅力 Shine bright like stars

幸福 从此开始 Happiness starts here

美丽三亚 浪漫天涯

欢迎来到三亚

图6-14

（三）三沙——"纯美三沙　璀璨明珠"

三沙市是我国陆地面积最小，总面积最大，最接近赤道的地级市，是全国继浙江省舟山市之后第二个以群岛建置的地级行政区，有"全国双拥模范城"的荣誉称号。2017年三沙市入围世界特色魅力城市200强。

三沙市是海南最南端的一个城市，同时也是最年轻最神秘的一座城市。三沙市也是中国最南、总面积最大（含海域面积）、陆地面积最小和人口最少的地级市。在中国南海，有数百个岛、礁、滩和沙洲散落其中。它们组成了中国最美的海岛群。三沙市的群岛散布于热带海洋之中，在自然因素的综合作用下，形成了得天独厚的热带海洋海岛自然景观，岛上陆地与附近海域非常洁净，热带海岛风光绮丽，完全具备"阳光、空气、沙滩、海水、绿色"五大旅游要素，是大陆和近海任何海岛无法替代和比拟的自然资源。

　　三沙是海南一颗耀眼的旅游明珠，它镶嵌在南海岛屿上，是一个欣赏海景、感受大自然的美妙神奇的旅行好地方。

　　三沙市的城市品牌视觉形象LOGO以"三"字为主体元素，三条笔画作了艺术处理，使其更有活力，整体简洁、大气，符合现代审美，元素不多，但却意蕴丰富。LOGO色彩使用红、绿、蓝组合，蓝色彰显三沙的海天一色，美丽的自然风光；绿色突出三沙市岛屿上的天然植被，体现三沙的自然活力、人文魅力；红色是中国的象征，代表三沙神圣的领土主权，很好地体现了三沙市的地域特点和自然特色，如图6-15所示。

　　在2019年中国（海南）国际热带农产品冬季交易会三沙市的展位上，三沙市的宣传口号为"纯美三沙　璀璨明珠"，展位的设计突出海浪、航标灯塔等海洋元素，以蓝、白、绿的颜色表现，很好地展现了三沙的特点，如图6-16所示。网络上能找到的三沙公开的关于旅游形象的宣传视频，重点是展示广阔的海域，美丽的海上风光，丰富的海洋资源和海底生态，以及取之不尽的太阳能、

图6-15

图6-16

风能、潮汐能，还有渔民的劳作等，体现了一个纯美、干净的三沙。

（四）儋州——"千年古都 魅力儋州"

儋州历史悠久，文化底蕴深厚，距今已有两千多年的建城史。儋州市位于海南岛的西北部，是北部湾城市群的一颗璀璨明珠，境内拥有中国十大深水良港——洋浦港，西环高铁、环岛高速、粤海铁路贯穿其中，儋州机场正全力推进建设，是海南西部交通枢纽和连接内陆、通往东南亚的桥梁。同时也是一座"美食之城"，一百多种美食、小吃享誉中外。

大文豪苏东坡被贬海南期间主要居住在儋州，现有的"东坡书院"就是为纪念他而建的。在苏东坡带来的良好文化氛围影响下，这里的人民爱好吟诗作对，使儋州素有"诗乡歌海"之称，有许多民间诗社。儋州人也喜爱唱歌，其中儋州山歌和调声最为盛行，"儋州调声"用儋州方言演唱，已入选第一批国家级非物质文化遗产名录。儋州还有不少古迹，有建于唐朝的武定门，有关帝庙、宁济庙等。

儋州风景独好，鹿母湾瀑布蔚为壮观，已被辟为"儋州新八景"之一。龙门激浪雄伟壮观，声名远扬。石花溶洞十分少见，为难得的地质景观。千年古盐田被誉为最早采用日晒方法的制盐场，已被列入国家级非物质文化遗产名录……儋州美景，远不止这些。儋州是一个充满着浓厚的"苏轼"浪漫情调的城市，倚靠着海南最为漂亮的西部海岸线，富有物质和饱满的精神，给缓慢而又惬意的生活带来了无限的趣味。

儋州目前无城市品牌形象LOGO，在2019年中国（海南）国际热带农产品冬季交易会儋州市的展位上，儋州市的宣传标语是"千年古都 魅力儋州"，如图6-17所示。

儋州的城市形象宣传片《美好新儋州——新西岸 更海南》也体现了这一定位，突出了儋州的自然景观，如千古盐田、松涛水库等，同时也突出了儋州的文化内涵如苏东坡文化，塑造儋州千年古都的魅力和视

图6-17

觉形象。该宣传片的部分画面如图6-18所示，其文案如下：

梦想　并不奢侈　只要勇敢迈出第一步

千年古郡　魅力儋州

在西岸　亦在你心里　（龙门激浪　盐丁古盐田）

千年时光流转　不变的是自然的馈赠

儋州　一颗冉冉升起的　原生态旅游目的地的新星

（洋浦大桥　松涛天湖　海南热带植物园　莲花寺　中和古镇　东坡书院）

深入儋州　踏上东坡文化之旅　感受流传千古的文化之美

儋州　素有诗乡歌海之美誉

非物质文化遗产——儋州调声　传递着和谐美好　（儋州调声）

引领人们探秘一百四十万年造就的鬼斧神工　（石花水洞）

一雕一组传承的民族技艺　在儋州熠熠生辉　（铁匠村）

追随历史的脚步　一路学习　一路收获　（石屋村）

闭上双眼　感受这被大自然眷顾的人间天堂　（南吉村）

从一颗颗包裹着晶莹米粒和蛋黄的洛基粽子中

品味生活最初的模样（力乍村　屋基村）

儋州这个位于海南西部的城市

正在用自己独有的魅力　让世人侧目

椰林树影　万种风情　无不体现儋州人民精心的待客之道

在自然中寻找自由　从质朴中探索真情

191

别具特色的雪茄小镇　天然康养的蓝洋温泉小镇（雪茄小镇　蓝洋温泉）

享受着唯美惬意　感受着时尚与现代

一样样独具特色的美食　吸引着世界各地慕名前来的朋友们驻足　（儋州美食）

感动与喜悦　传承与时尚　交织成独特的"儋州风情"

来儋州　用心享受美好

图6-18

（五）琼海——"田园城市 幸福琼海"

琼海市位于海南省东部，万泉河的中下游，历史底蕴深厚，是红色娘子军的故乡。琼海山清水秀，自然资源丰富，这里有1308级贴崖登山石阶的白石岭，更有滋养琼海肥沃土地的万泉河。琼海是举世瞩目的"博鳌亚洲论坛"的所在地，因举办论坛的助力，打开了琼海与世界对望的窗口。

琼海气候宜人，环境优美，有美丽的玉带滩，有"侨乡第一宅"之称的蔡家宅。这里村村是景点、处处是美景，有博鳌田园小镇、深耕南海的潭门小镇、黎族苗族风情小镇等特色旅游景观名镇。有沙美村、北仍村、南强村等各具特色的美丽乡村。

琼海的潭门小镇是一个傍海而生的渔港，小镇上有南海博物馆，记录着南海的历史；潭门人的航海日记《更路簿》是潭门人世代耕耘的历史见证；潭门老渡口将潭门的故事娓娓道来，潭门的赶海文化节是其特有的闯海气概，潭门的海鲜令人回味无穷……

琼海的城市品牌视觉形象LOGO以田园画卷作为核心设计主体，结合中国传统山水画卷与现代色彩的表现手法，融合了田园、蓝天、大海、万泉河、红色文化、农业丰收等多种内涵元素，描绘出了一幅"城在园中，村在景中，人在画中"的美丽画卷。琼海具有丰富多彩的文化元素，蓝色海洋文明、绿色农耕文明、红色革命文明等，LOGO运用丰富色彩，以蓝、绿、黄、红为主色调来表现琼海丰富的文化内涵。一幅色彩斑斓的舒展的画卷，犹如静静流淌着的"万泉河"，孕育出琼海的钟灵毓秀；又像"玉带滩"那灵动飘逸的丝带，象征着琼海城市发展的"丝绸之路"更像山青水绿、碧水蓝天的丰收田园，述说着琼海人的幸福生活。该LOGO将"田园城市 幸福琼海"的主题通过视觉形式完美传达，尽展视觉之美好，如图6-19所示。

琼海作为海南的"东海岸明

Qionghai 琼海
田园城市幸福琼海

图6-19

珠"，不止有迷人的海岛风光，更有深厚的历史底蕴和独特的民俗风情。在2019年中国（海南）国际热带农产品冬季交易会上，琼海市的展位设计也突出了这些特点，如图6-20所示。

图6-20

　　琼海市的城市品牌视觉形象定位口号是"田园城市　幸福琼海"。琼海有闻名中外的博鳌亚洲论坛，有潭门渔港，有南海更路簿，有红色娘子军，有田园花海，有美丽乡村等，这些都是琼海的特色和地域文化，琼海的城市形象宣传片也是通过展示这些地域文化，沿着幸福琼海的主线，结合博鳌亚洲论坛及在当前政策下城市的发展规划方向，传播美好的城市形象。琼海城市宣传片《美丽琼海　幸福家园》的部分画面如图6-21所示，其部分文案如下：

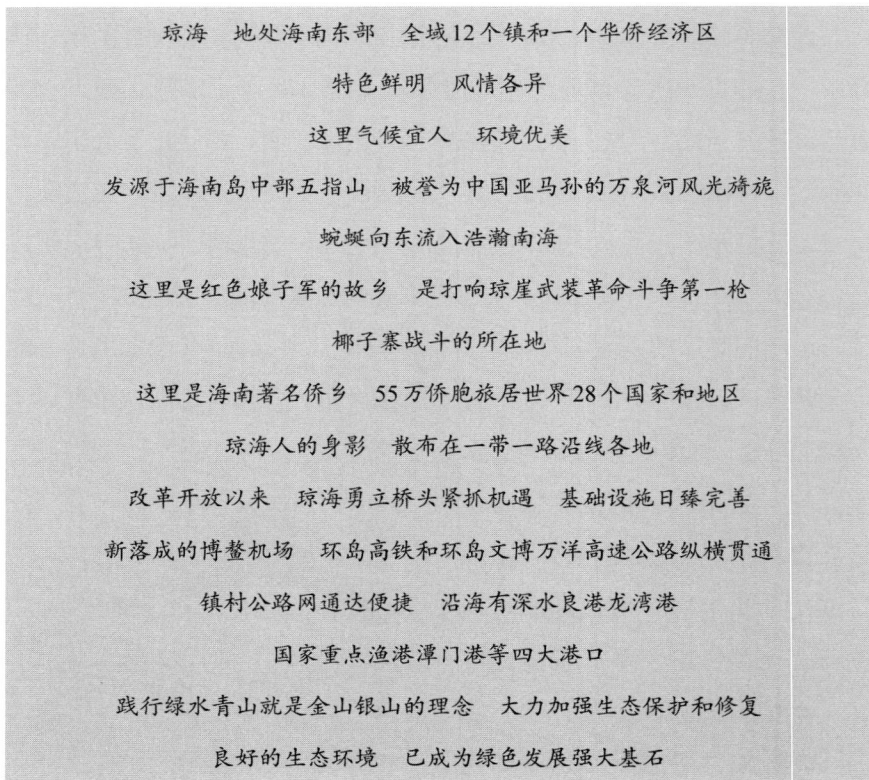

琼海　地处海南东部　全域12个镇和一个华侨经济区

特色鲜明　风情各异

这里气候宜人　环境优美

发源于海南岛中部五指山　被誉为中国亚马孙的万泉河风光旖旎

蜿蜒向东流入浩瀚南海

这里是红色娘子军的故乡　是打响琼崖武装革命斗争第一枪

椰子寨战斗的所在地

这里是海南著名侨乡　55万侨胞旅居世界28个国家和地区

琼海人的身影　散布在一带一路沿线各地

改革开放以来　琼海勇立桥头紧抓机遇　基础设施日臻完善

新落成的博鳌机场　环岛高铁和环岛文博万洋高速公路纵横贯通

镇村公路网通达便捷　沿海有深水良港龙湾港

国家重点渔港潭门港等四大港口

践行绿水青山就是金山银山的理念　大力加强生态保护和修复

良好的生态环境　已成为绿色发展强大基石

作为全国文明城市　国家卫生城市

民生设施完善　社会事业发展　群众精神文化生活丰富多彩

文明浸润着这里每一寸肌理

让百姓笑意写在脸上　幸福发自内心

美丽琼海正迸发出勃勃生机

每年春天在琼海博鳌　国际政商云集

高朋满座　研讨世界议题　探索合作发展

博鳌亚洲论坛自2001年成立以来

永久落户这里　论坛连续18年成功举办

已成为国际高端政商对话平台　在博鳌论坛效应带动下

琼海会展业　旅游业　健康产业　新兴金融业　热带高效农业

互联网＋等特色产业快速发展　共同奏响激越的发展乐章

如今　在万泉河畔　博鳌乐城国际医疗旅游先行区　像一颗明星冉冉升起

独享国家赋予的九条医疗开放政策　推行多规合一

极简审批改革　正为琼海发展孕育新动能　为健康中国先行探路

园区已初具规模　一批医疗机构和企业落户　落成　运营

定位为硬件一流　学科一流　管理一流的博鳌超级医院

更是开启全新共享医院模式

吸引了十多个由国内医学院士或顶尖学科带头人的专科团队入驻

琼海已成为海南最具发展潜力和投资活力的城市之一

作为我国全域旅游的发源地和先行者

琼海始终坚持不砍树　不占田　不拆房　就地城镇化的理念

大力实施乡村振兴战略　把全市作为一个5A级大景区来打造

13个镇区　一镇一特色　一镇一风情　一镇一产业

100个宜居宜业宜游美丽乡村　2000多个文明生态村 优美 质朴 和谐

田野公园　河边绿道　滨海酒吧　处处充满风情

人行步道　自行车道　绿野栈道　将一个个村镇和景区串联起来

点缀在琼海美丽的山野田园之间

美丽琼海 幸福家园

图6-21

（六）文昌——"航天文昌 魅力侨乡"

文昌位于海南岛的东北部，已有两千一百多年历史，古称"紫贝"，为海南闽南文化发源地。文昌市三面临海，滨海风光旖旎，名胜古迹众多，生态环境良好。文昌有中国椰子之乡、文化之乡、航天之乡、长寿之乡等美誉。文昌有许多特色美食，如马鲛鱼、抱罗粉等，海南传统四大名菜之一的文昌鸡就出于此。中国唯一的滨海开放航天发射中心——中国文昌航天发射中心就位于文昌市龙楼镇，海南著名旅游区铜鼓岭也位于龙楼镇的最东角。

文昌历史悠久，深藏着因地震而沉入海底的"海底村庄"，也有形成于清末民初的文南老街，"民国第一家族"宋氏家族的发源地宋氏故居也在文昌。文昌孔庙也是极具特色的古文化旅游景点之一，被誉为"海南第一庙"。"韩家宅""符家宅"等各式华侨老宅诉说着文昌的侨乡文化。铺前老街极具历史厚重感，记载着文昌的时光印迹。溪北书院是海南清末著名书院之一，更突显出文昌的文化底蕴。文昌地标性建筑——清澜大桥见证了几代人梦想的实现，第二座跨海大桥——海文大桥也已建成，让文昌的发展愈发迅速。

文昌的城市形象LOGO由椰子树叶、火箭、月亮湾等形象创意构成，同时又是一个"文"字，该标志个性特点明显，寓意丰富，视觉语言简洁，利于传播，色彩用得也很恰当，整体很好地体现了文昌的地域特色和优势，如图6-22所示。

文昌市的形象宣传口号是"航天文昌 魅力侨乡"，这个品牌定位很符合文昌市的特点。在2019年中国（海南）国际热带农产品冬季交易会上，文昌市的展位设计也通过文字和相关造型突出了这些特色，如图6-23所示。

文昌是海南省内华侨最多的市县之一，而文昌最能引以为傲，并广

图6-22

图6-23

为人知的是国家火箭发射基地的建成，以及将要建设的国家火箭文化主题公园。文昌城市宣传片《侬家在文昌》也重点展示了这些地域文化，"侬"是文昌话的音译，传递出浓浓的对故乡的感情。宣传片的部分画面如图6-24所示，其文案如下：

（文昌木兰灯塔）无论身在何处　一束光

总可以折射出我们不同的念想海南岛的第一缕阳光

迎接着追逐光影的人　叫醒了一家人的欢乐时光　也唤醒了一座城的生机

（铜鼓岭）铜鼓岭的苍翠山光　（月亮湾）月亮湾的粼粼波光

（大小澳湾）沿着记忆里的风光　我回到了我的故乡——文昌

（文昌老街）从古邑紫贝到南下远洋　先辈们都以不同的智慧与勇气耕海闯荡

（铺前骑楼）那些动人的历史，虽时隔久远，却依然闪光

（溪北书院）（文昌古庙）开朦胧　拜圣公　在变幻的岁月里

不变的是文昌人对孩子知礼仪勤学习的谆谆教导

（宋氏故居）那些伟岸的身影与传奇　讲述着文昌崇文重教的历史

（张云逸纪念馆）也写就了文昌的人文之光

今科得中状元郎（公仔戏）妹妹有请……

（十八行村）走进悠长的巷子　去发现无处不在的古韵

庭院深深　收藏着乡村的静美时光

（八门湾红树林）又不妨　闯入这片绿意中

清风　诗意　自由　生机　各色光景　交织出这片刻的别处时光

（月亮湾）历经潮涌的绵长海岸　（木兰灯塔）如今正迎接着新的来客

（东郊椰林）也迎接着每一颗椰子在此扎根成林

文昌椰子半海南　一颗椰子能带给人清凉

也让甜蜜分享　伴随着椰子成长起来的

（椰雕）还有文昌人食椰　雕椰的传统　记录着文昌人对它的喜爱

也讲诉着文昌人坚韧打拼　扎根立业的无畏精神

（铜鼓佛光）有时　我们不得不感叹自然的神奇力量

（石头公园）造就这鬼斧神工的海石风光

（全家福）（文昌鸡）（东酿丰对虾）（龙楼龙虾）

（海胆）所有的挂念不过是一抹家乡的味道（马鲛鱼）

（会文膏蟹炒粉丝）（椰叶饭团）（文昌薏粿）（按粿条）

文昌鸡　糟粕醋　再加上一群老友　一段悠闲舒缓的时光

（文昌糖堆）（锦山煎堆）（锦山牛肉干）总是能在熟悉的味道中吃出快乐

（清澜渔人码头）妈妈说我们的家乡是个好地方

（琼北大草原）有好玩的，好吃的　（排球之乡）爸爸喜欢跟叔叔们打排球

说这是文昌人的传统爱好　这里的航天城有好多天空体验

我长大了也要当宇航员登上太空

我现在是在海南文昌航天发射场的垂直总装测试厂房

今天　运载火箭的雄姿第一次展现在世人面前

载人航天　承载着中华民族的飞天梦想

德盛文昌　孕育着百年侨乡的蝶变生机

文昌国家海岸公园　建成后将成为海南最大的原生态滨海度假胜地

东郊椰林片区风光旖旎　多产融合

一个集观光旅游　热带农业　特色休闲于一体的大型椰林风情园即将诞生

木兰湾片区　一个依托国家南海战略和海上丝绸之路建设机遇

打造中国唯一的海洋城

铜鼓岭——月亮湾片区　旅游产业生态链多元聚合

将使这里成为世界一流海岛度假休闲胜地

对于远方　我们无限渴望　对于家乡　我们总有无限希望

时代的浪潮不停　传唱千年的古老音韵依然在此缭绕

新文昌　正载着传承千年的勇气与梦想　创造新的荣光

图6-24

199

图6-24

（七）万宁——"多彩多情　万福万宁"

万宁市位于海南省的东南偏东部，风光绮丽，旅游资源十分丰富，特色主要为海滨、海岛、温泉、瀑布、水库、内海、山岭、热带作物、动植物、文物古迹等。

万宁的海湾众多，著名景点石梅湾这一碧海银滩被赞誉为海南现存未开发的最美丽海湾，此外还有南燕湾、山钦湾、日月湾等。海岛有加井岛、神州半岛、大洲岛等，都在诉说着海的故事。万宁美食也非常之多，"后安粉"是万宁的特色小吃，汤底香浓醇厚；为海南四大名菜之一的"和乐蟹"因产于万宁和乐镇而闻名，万宁的兴隆咖啡香浓滑口、风味独特。

万宁许多村镇都有"闹军坡"的习俗，都会有抬神巡游、商品交易、演琼剧等基本活动内容，军坡蕴含着丰富的传统文化内涵，作为一种传统文化彰显着万宁人的生活。万宁素有中国著名的长寿之乡、咖啡之乡、槟榔之乡、温泉之乡、书法之乡、华侨之乡、海南美食天堂、中国冲浪之都等美誉。

万宁的城市LOGO以"万"和"宁"为主体形象，两个汉字作了创意组合，形成一个整体，而文字的笔画结合了东山岭、海岸线、冲浪等地域景观和代表性的活动，突出了万宁的特点，LOGO在色彩上为红黄绿蓝的渐变使用，体现了多彩万宁（图6-25）。

万宁的吉祥物分别以万宁东山岭"东山羊"和海边的"和乐蟹"为设计原型，结合"多彩文化服饰、山水、东山碑刻福字"等元素融合万宁独特的自然景观，形成一对可爱的卡通男女形象，东山羊与和乐蟹代表万宁的山和海，体现出"福"和"情"文化，展现出"多彩多情 万福万宁"的城市定位。吉祥物为男孩东山羊"万万"，女孩和乐蟹"宁宁"，彰显出"万福万宁、万福康宁"，"万万"和"宁宁"留着槟榔和椰树叶发型，身着多彩服饰，佩戴福牌，"万万"代表万福万宁，送福来宾；"宁宁"代表安邦宁家，多彩多情，"万万"和"宁宁"欢迎海内外来宾畅游万宁，感受这座城市的魅力（图6-26）。

在2019年中国（海南）国际热带农产品冬季交易会上，万宁市的展位设计也突出了万宁的定位特色，标志、吉祥物和口号语都有所体现，如图6-27所示。

图6-25

图6-26

图6-27

万宁市的城市宣传口号是"多彩多情 万福万宁"，"多彩多情"展现出万宁优美的自然风光和人文魅力形象，彰显出万宁城市地域特色和人文精神。"万福万宁"进一步突显得天独厚的自然资源和深沉厚重的人文积淀，赋予这座城市"万福骈臻、万家康宁"无限美好的形象。这个定位突出了万宁依山傍海，具有多种特色文化的特点，重点突出了万宁的"福"，这是万宁本身的福，也是能带给人的福，宣传片通过万宁地域文化的展示和创意，传播了万宁的多彩多情，对城市品牌视觉形象的构建起到很好的推动作用。万宁宣传片《多彩多情　万福万宁》的部分画面如图6-28所示，其文案如下：

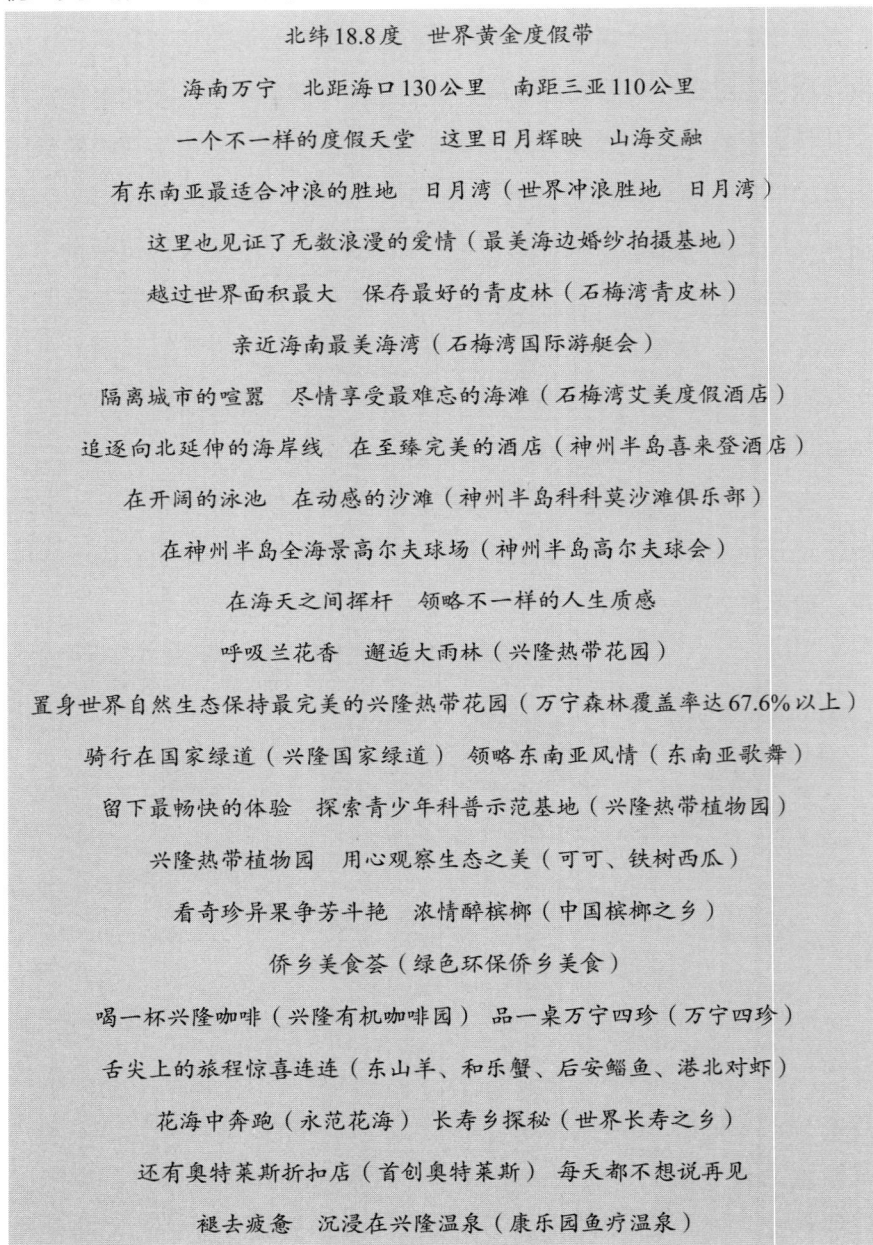

北纬18.8度　世界黄金度假带

海南万宁　北距海口130公里　南距三亚110公里

一个不一样的度假天堂　这里日月辉映　山海交融

有东南亚最适合冲浪的胜地　日月湾（世界冲浪胜地　日月湾）

这里也见证了无数浪漫的爱情（最美海边婚纱拍摄基地）

越过世界面积最大　保存最好的青皮林（石梅湾青皮林）

亲近海南最美海湾（石梅湾国际游艇会）

隔离城市的喧嚣　尽情享受最难忘的海滩（石梅湾艾美度假酒店）

追逐向北延伸的海岸线　在至臻完美的酒店（神州半岛喜来登酒店）

在开阔的泳池　在动感的沙滩（神州半岛科科莫沙滩俱乐部）

在神州半岛全海景高尔夫球场（神州半岛高尔夫球会）

在海天之间挥杆　领略不一样的人生质感

呼吸兰花香　邂逅大雨林（兴隆热带花园）

置身世界自然生态保持最完美的兴隆热带花园（万宁森林覆盖率达67.6%以上）

骑行在国家绿道（兴隆国家绿道）　领略东南亚风情（东南亚歌舞）

留下最畅快的体验　探索青少年科普示范基地（兴隆热带植物园）

兴隆热带植物园　用心观察生态之美（可可、铁树西瓜）

看奇珍异果争芳斗艳　浓情醉槟榔（中国槟榔之乡）

侨乡美食荟（绿色环保侨乡美食）

喝一杯兴隆咖啡（兴隆有机咖啡园）　品一桌万宁四珍（万宁四珍）

舌尖上的旅程惊喜连连（东山羊、和乐蟹、后安鲻鱼、港北对虾）

花海中奔跑（永范花海）　长寿乡探秘（世界长寿之乡）

还有奥特莱斯折扣店（首创奥特莱斯）　每天都不想说再见

褪去疲惫　沉浸在兴隆温泉（康乐园鱼疗温泉）

让身心舒缓（依云华美达药山水温泉度假酒店） 眺望港北的海山（乌场渔港）

中国龙州小镇的风采就在眼前（中国龙舟小镇和乐镇 中国龙舟大赛万宁站）

求佛东山岭 禅悟在心间（海南第一山东山岭） 就在海南第一山

祈福一切如愿 体验不一样的海南

多彩多情 万福万宁

图6-28

（八）东方——"宜居 宜业 宜游 热带滨海花园城市"

东方市地处海南省西南部，历史悠久，资源富饶。东方市是海南西南部的经济中心，海南岛第三大真正意义上的滨海城区，西南重镇，空气纯净，环境优美。

东方市有许多风景名胜，付龙园遗址是海南省已发现的最大的新石器时代遗址，现为省级文物保护单位；俄贤岭是三月三的发源地；大田坡鹿保护区是世界最珍贵鹿种的唯一产地；大广坝旅游风景区是亚洲第一大土坝。

东方市以盛产优质黄花梨木闻名于世，因此素有"世界花梨看中国，中国花梨在海南，海南花梨数东方"之美誉。山栏节是东方市江边乡黎族人民世代相传的一个节日，是他们庆祝山栏稻收归入仓，庆祝一年辛勤劳作成果和祈福来年平安的喜庆节日。东方市的美食同样以丰盛而美名扬，东方有四更烤乳猪、酸瓜皮、南港乳羊、黎家鱼茶等丰盛的美食。

东方市充满无限发展潜力，东方市的城市形象LOGO是以东方的拼音首字母"D"为主体图形，代表东方市。标识上的鱼鳞洲，是东方市象征性的地标景观。海浪体现了东方市的滨海城市特点，LOGO图形的色彩使用了由绿到蓝的色彩渐变，象征了东方市蓝天碧水、山海相连的海滨花园宜居城市特色，体现了东方市的地域特点。颜色以白色为主色调，海浪部分用淡蓝色渐变。LOGO简洁、美观，易于传播。LOGO富有山海相连、绿色和谐的特色，是一个综合着东方昨天、今天和明天的视觉形象，是一个浓缩着新时代东方人文精神的形象标志（图6-29）。

东方的地域文化特点是既有黎族聚居，又地处临海，渔业也比较发达，有著名的八所港。在2019年中国（海南）国际热带农产品冬季交易会上，东方展位的主题标语是"宜居　宜业　宜游　热带滨海花园城市"，这个定位比较符合东方市的特点，展位的设计也结合LOGO和代表性视觉元素的造型特征，如图6-30所示。

东方比较有代表性的地域元素有鹅贤湖、俄贤岭、大广坝水库、昌化江入海口、红树林湿地、黑脸琵鹭、大田坡鹿、木棉花、六体连榕、感恩学宫、老骑楼、汉马伏波井、黎族童声合唱团、花梨木、美孚黎锦纺织技艺、感恩平原、铁路博物馆、光伏发电、绿萝基地、花卉基地、火龙果基地、高尔夫球会、八所港、东方工业园、白查村、竹竿舞、鱼鳞洲风景区、鱼鳞洲灯塔、生态文明乡村、东方烤乳猪、环岛自行车赛

图6-29

图6-30

等。东方的城市形象宣传片从"观天下""享山水""见人文"等几个方面，通过沙画创意串联并展示了这些自然和人文景观，突出了地域特色，又结合了东风的滨海特点，传播了东方市的"宜居 宜业 宜游"的特色。该宣传片部分画面如图6-31所示。

图6-31

图6-31

（九）五指山——"绿动五指山 养生翡翠城"

五指山市位于海南岛中部地区，是海南岛海拔最高的山城，因有海南岛上最高山峰五指山而得名。五指山周围群山环抱，森林茂密，是有名的"翡翠山城"。五指山的山、林、情、城、路紧密相连，融为一体，是典型的"绿色生态"旅游城市。

五指山市旅游资源丰富，有五指山市热带雨林、七指岭、卧龙山、太平山瀑布、鹦哥岭、甘什岭、仙龙洞等风景名胜。牙胡梯田层层叠叠，热带雨林空气纯净，红峡谷险峻奇特……五指山是黎族和苗族的故乡，竹筒饭、三色粽子、山兰酒等美食应有尽有。鼻箫是用五指山特产的白竹制作而成，是海南黎族喜爱的古老乐器之一。三月三，是海南黎族、苗族人民最盛大的民间传统节日，也是五指山市的黎族、苗族人民的重大节日。

五指山市的城市品牌视觉形象LOGO以飘带构成五指山的外形，又结合了"五"字的拼音首字母"W"，使得LOGO和地名有了很好的关联性，飘带体现了五指山仙境一般的感受，又象征着对宾客的欢迎，体现了五指山人民的淳朴好客。绿色也很好地体现了五指山翡翠城的特点。整个标志律动、飘逸，利于广泛传播，如图6-32所示。

图6-32

五指山市的城市吉祥物叫"仙萌大圣"，它头戴的翡翠头冠，蕴含了五指山市翡翠山城之美誉；肩披的精美黎族织锦，则是海南黎族人民的智慧结晶及传世名片；而它背着的"仙萌大圣"靠旗和mini大圣书包，则彰显仙萌神力，将五指山诱人的美食、美景与文化齐齐打包奉上，希望更多的人认识并喜欢上五指山这座美丽的城市。"仙萌大圣"通过五指山和孙悟空大圣的关联性，增加了吉祥物的故事性和趣味性，且它身上还有很多细节体现了本土特色，能对五指山的形象传播和推广起到积极的作用。五指山市计划采取线上与线下结合，内容与产品并轨的方式来开展"仙萌大圣"IP推广工作。逐步在线上开通了仙萌大圣的官方微信公众号和官方微博，并定期更新内容，吸引更多网民的关注，进而达到让更多人了解五指山市旅游文化资源的目的。线下也会采取参加各类活动、展会、展览等方式，持续推广、升温"仙萌大圣"IP热度，让"仙萌大圣"成为五指山市最特别的"形象代言人"，如图6-33、图6-34所示。

山城多姿彩，美丽的五指山人杰地灵，美如诗画。在2019年中国（海南）国际热带农产品冬季交易会上，五指山市的主题标语是"绿动五指山　养生翡翠城"，绿色的主色调也很好地体现了五指山的地域特

图6-33

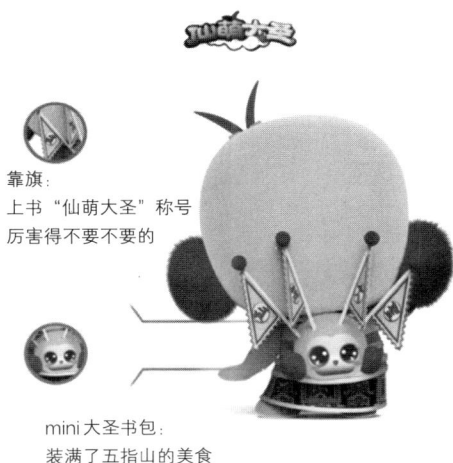

图6-34

点，如图6-35所示。

图6-35

五指山城市宣传片以"梦想家园"为题，通过五指山市的自然环境、黎族文化、风俗人情等地域特色元素，很好地体现了五指山的"绿"和"动"。该宣传片部分画面如图6-36所示。《梦想家园》的文案如下：

邂逅民俗　感悟人怀深情之气度

寄情山水　领略高耸云端之高度

探秘雨林　体验地孕万物之厚度

登多高才是你的视界　这里是海南之巅

行多远才是你的向往　这里是海南之心

遇见五指山　邂逅梦想家园

山城水城　人间仙境　层层叠嶂的牙胡梯田　养育世代黎族苗族百姓

山峦连绵　层林叠翠的热带雨林　让摄影人趋之若鹜

声声鸟鸣　森森溪流　自然在此　欢快吟唱

黎族苗族古韵　情动天下　民族风情浓郁

黎族文明的"活化石"——黎锦　多彩黎锦　文明传承

乐器瑰宝　盛放民俗风采　黎族苗族婚俗　寻觅相知伴侣

非物质文化遗产　苗族招龙舞

雨林探秘　户外天堂　神州第一漂　领略自然精华

惊心动魄　惊险刺激　天然赛场　户外运动天堂

阿陀岭蜿蜒盘旋山路　骑游海南岛　最爱五指山

环海南岛公路赛毛阳赛段　与世界级选手同场竞技

气候宜人　养生胜地　气候清爽　怡人年均气温22.4℃

五指山水满绿茶　松风煮茗　竹雨谈诗　盈盈山水　悠然茶韵

负氧离子含量　每立方厘米50000个以上

智者乐水　仁者乐山　山地休闲度假养生福地

和谐时尚　活力之城　开放之城　有朋自远方来　不亦乐乎

发展之邦　众人拾笔　建设美好家园

此外，五指山还推出一版用城市IP卡通形象"仙萌大圣"为主角

图6-36

的音乐短片《大圣的童话》，整个短片风格轻松活泼，让人在优美的歌声中感受到五指山的特色，让人有想参与进来的冲动，观众体验感很好。该宣传片部分画面如图6-37所示，片中歌词如下：

oai ge lo（哎呀）oai ge lo（哎呀）　这是哪儿呀

oai ge lo（哎呀）　oai ge lo（哎呀）　这是五指山呀

竹筒饭　五色饭　山兰米香呀

小黄牛　五脚猪　美名传万家

黎歌欢　苗舞乐　迷人又优雅

唱一唱　跳一跳　一起来玩吧

oai ge lo（哎呀）　oai ge lo（哎呀）　这是哪儿呀

oai ge lo（哎呀）　oai ge lo（哎呀）　这是五指山呀

呀哈呀哈　大圣也都要留下　留下

大圣呀　大圣呀　请告诉我这是不是童话

氧气充足云雾缭绕美如画　梯田叠翠鸟语花香满山崖

大圣呀　大圣呀

来一杯五指山红茶　听一听琼崖的故事吧

oai ge lo（哎呀）　oai ge lo（哎呀）　这是哪儿呀

oai ge lo（哎呀）　oai ge lo（哎呀）　这是五指山呀

呀哈呀哈　大圣也都要留下　留下

竹筒饭　五色饭　山兰米香呀

小黄牛　五脚猪　美名传万家

黎歌欢　苗舞乐　迷人又优雅

唱一唱　跳一跳　一起来玩吧

oai ge lo（哎呀）　oai ge lo（哎呀）　这是哪儿呀

oai ge lo（哎呀）　oai ge lo（哎呀）　这是五指山呀

呀哈呀哈　大圣也都要留下　留下

请告诉我这是不是童话

氧气充足云雾缭绕美如画　梯田叠翠鸟语花香满山崖

大圣呀　大圣呀

来一杯五指山红茶　听一听琼崖的故事吧

oai ge lo（哎呀）　oai ge lo（哎呀）　这是哪儿呀

oai ge lo（哎呀）　oai ge lo（哎呀）　这是五指山呀

呀哈呀哈　大圣也都要留下　留下

图6-37

（十）乐东——"山海互动　多彩乐东"

乐东黎族自治县位于海南岛西南部，乐东县城三面青山环抱，有"绿色宝库"之称。乐东作为黎族、苗族少数民族聚居区，展现着多彩独特的黎族、苗族文化，全国最美十大森林之一的尖峰岭国家森林公园、我国南方最大的莺歌海盐场、神奇独特的毛公山自然景观和古海遗迹景观等一直受国内外游客的青睐，使乐东获得"旅游胜地"的美称。

乐东的尖峰岭是中国现存面积最大、保存最好的热带原始森林区；莺歌海自然景观优美，有独特的"莺歌海渔耕文化"，在莺歌海可以见到"牛车海运"，即用牛车从海里运渔获及渔网的独特人文景观。

乐东黎族自治县历史悠久，文化源远流长。大安镇、黄流镇被命名为"中国民间艺术之乡"，大安镇的剪纸艺术是黎族民间传统文化宝库的重要组成部分；千家镇、志仲镇被定为"海南黎族传统棉纺、麻纺工艺保护工程试点单位"和"非物质文化遗产保护项目"，崖州民歌是古老歌种之一，流行于乐东黄流及古崖州地区，崖州民歌被确定为国家第二批"非物质文化遗产保护项目"。三月三也是乐东的重要节日，居民们身着民族服装欢聚一堂，以歌舞表演、体育竞技等方式来庆祝传统节日。

乐东物华天宝，自然条件优越，素有"天然温室""热作宝地"等美称。四季瓜果蔬菜品种繁多，素有"中国香蕉之乡""腰果之乡""中国果菜无公害十强县""天然温室""热作宝地""绿色宝库"等美称。

乐东的宣传口号是"山海互动 多彩乐东"，在2019年中国（海南）国际热带农产品冬季交易会的乐东展位上也多维地体现了这一特点，如图6-38所示。

乐东目前没有发布新的城市形象LOGO。乐东有山区和海滨结合的地理位置特点，乐东

图6-38

尖峰岭是有名的热带雨林，龙栖湾海岸线跟三亚相邻，乐东也是黎族文化特色地区，这些都是乐东主要的地域文化特点。宣传片《山海相拥 乐东乐冬》通过这一主线，随着女主的足迹，逐渐展现了多姿多彩的乐东，自然与人文内涵共存。该宣传片部分画面如图6-39所示，其主要文案如下：

山之壮美 登高之乐

（尖峰岭）群山耸立 尖峰竞势

（尖峰岭国家森林公园）群山环抱　桃源之境

烟雨濛濛　不负春光与美景　从容静谧　澄净心灵

（佳西岭自然保护区）佳木葱葱　吸水悠悠　山水之间　倾听自然

（红水河　雨林谷）踏足野外　美景趣无边

（鸣凤谷）无关热闹与否　只缘身在其间

（保国毛公山景区）

海之灵动　浪漫之乐

（龙腾湾　龙沐湾国际旅游度假区）海浪涌动　藏一湾灵动

（龙栖湾）看碧海衔远天　赏醉美夕阳

地有物华　田园之乐

（西环高铁　尖峰农业休闲旅游观光年　金菠萝）

品瓜果之乡　感受田园乐趣

（哈密瓜　香蕉　芒果　通心菜　腰果　莲雾　黄流老鸭）

醇厚人文　恬然之乐

（莺歌海盐场）万顷盐田　见证创业历程

（大安剪纸　黎锦　丹村　崖州民歌）以歌抒怀　传唱家乡之美

（新丹村　白沙河谷博物馆　光明村古榕树　南美村）

一面是山川耸立　云海浩瀚　一面是海岸绵延　浪漫缱绻

在山海之间　相遇一段旖旎时光

山海相拥　乐东乐冬——行走乐东　发现美

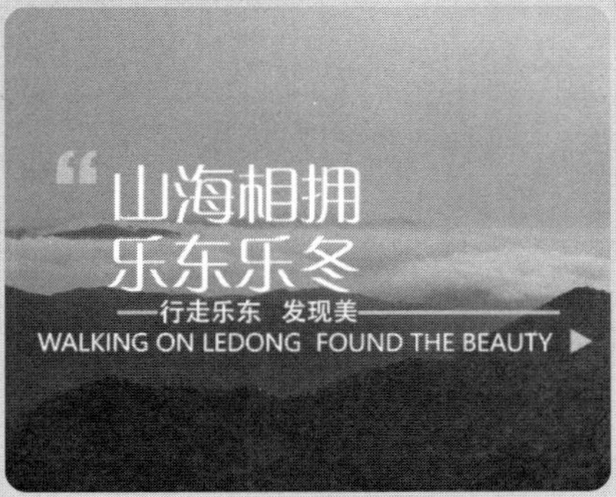

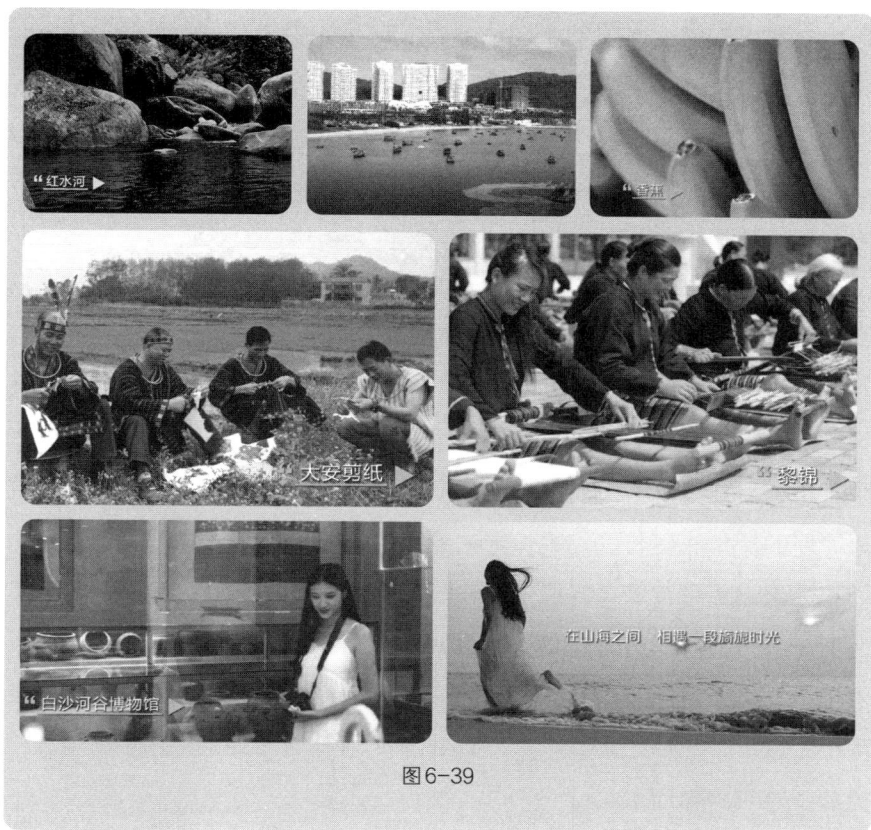

图6-39

（十一）澄迈——"富硒福地　长寿澄迈"

澄迈县是世界长寿之乡、世界富硒福地、中国绿色名县。位于海南岛的西北部，史脉久远、人文炽盛，因古县治老城有"澄江"和"迈岭"，故取山水名之首定县名为"澄迈"。澄迈县享有"中国长寿之乡"的美誉，生活在此处的人大多都很长寿。

澄迈县的旅游景观有自己的特色，有建于宋末元初的美榔双塔，有古老的火山岩古村——罗驿古村，有充满阳光海韵的盈滨半岛，有琼北地区规模最大的佛教寺院——永庆寺，有奇特的原始自然景观——济公山，还有可以品读咖啡历史的地方——福山咖啡文化风情镇。澄迈的福山咖啡由当地农民以传统手工炒制，长期以来享誉国内外。

澄迈县也有许多吃不腻的美食，有白莲鹅、瑞溪牛肉干、桥头富硒地瓜、澄迈粽子、澄迈福橙等。澄迈有着丰富的文化底蕴，有碳相画、花瑰艺术、澄迈八音、澄迈军坡节等。澄迈有着古老的火山岩古村群落，有着纯净无瑕的溪流瀑布，是一个充满风情与惊喜的地方。

澄迈县先后获得"世界长寿之乡""中国绿色名县""中国最佳休闲旅游县""中国美丽乡村建设示范县""十大文化特色旅游名县"等六十多项国家级荣誉。2017年3月，入围"2017百佳深呼吸小城"名单。2019年3月，被列为第一批革命文物保护利用片区分县名单。

澄迈县的城市形象LOGO，以"澄迈"首字母"C"为元素进行设计，融澄江、迈岭自然之意境，传达澄迈独特的内涵与意蕴。LOGO中传统云水纹与自然山水相融合，形成圆满的弧形，环抱着"澄迈"，寓意澄迈深厚的历史底蕴与"世界长寿之乡"的良好生态自然，传递着"吉祥如意，生生不息"的美好愿景。蓝绿相映的色彩，更给古朴典雅的整体造型注入一丝现代活力，尽显澄迈魅力。字体选用苏东坡所书手迹，历史悠久，经典重现。中英双文字体展现了世界长寿之乡的国际化，更显澄迈之魅力。LOGO雅致飘逸，风格性强，便于各方面的应用和新媒体的传播，如图6-40所示。

澄迈的城市宣传口号是"富硒福地　长寿澄迈"，在2019年中国（海南）国际热带农产品冬季交易会的澄迈展位设计上，也通过色彩、造型以及媒体展示体现了出来，如图6-41所示。

澄迈是世界长寿之乡，农副产品含硒丰富，特别是地瓜。澄迈

图6-40

图6-41

的福山咖啡，也是海南有名的咖啡品牌，这些都是澄迈的特色。宣传片中也利用了这些有代表性的地域元素和创意，结合了长寿的主题，营造出长寿之乡的优势，对追求养老、养生的受众更有感染力和吸引力，有利于城市品牌的塑造和传播。该宣传片部分画面如图6-42所示。

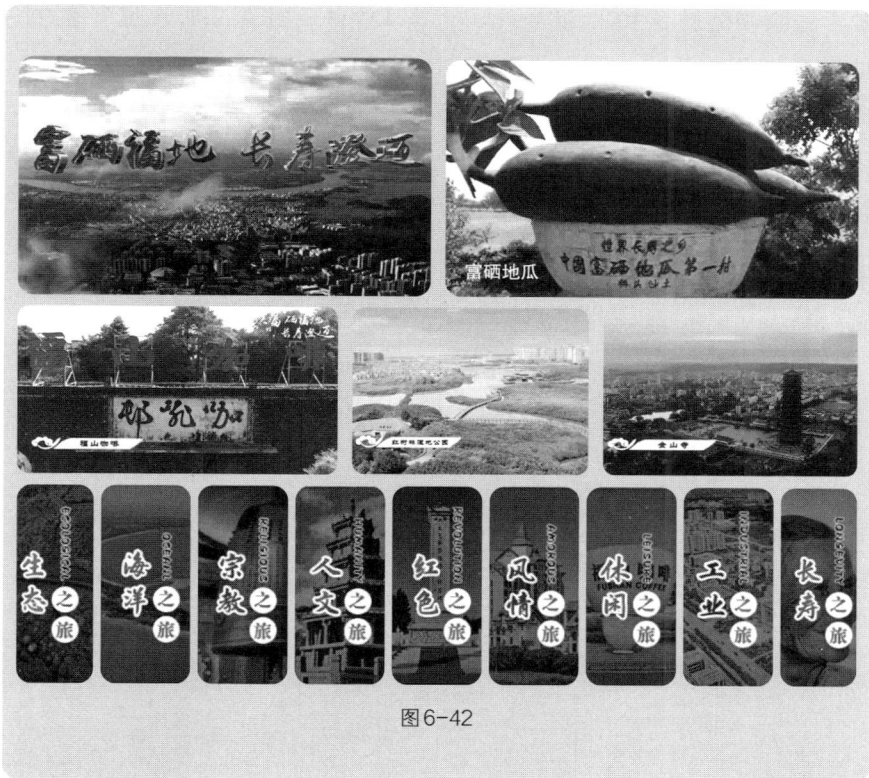

图6-42

（十二）临高——"临海临高　渔歌鱼都"

临高县位于海南岛西北部，拥有绝美的海岸线，是海南著名的渔业、农业大县。临高的特色景观，有气势磅礴的临高角，临高角解放公园是解放海南的渡海登陆战主要登陆点之一；有原始自然之美的后水湾红树林，有临高八大景点之一的高山岭等。临高也有历史人文景观，临高文庙是海南省现存较完整、规模最大、历史最久的大型古建筑群，也是海南最大的孔庙，始建于北宋年间，现已被列为省级重点文物保护单位。

临高拥有珍贵的非物质文化遗产。临高木偶剧是曲艺沃土上古老而稀有的传统戏曲剧种，被誉为"世界少有，中国一绝"。渔歌"哩哩美"作为临高的另一国家非物质文化遗产，是流传于临高渔民中的一种汉族民歌种类，歌曲富有淳朴气息，也隐喻了美好的爱情。临高"八音舞"具有浓郁的鲜明地方艺术特色，是海南民间艺术百花园中一朵艳丽的色彩。临高县目前未推出新的城市形象LOGO，城市品牌视觉形象宣传口号是"临海临高　渔歌鱼都"。

2019年中国（海南）国际热带农产品冬季交易会上，临高的展位设计以临高特色古建筑为主要造型，结合各种地域元素，体现独特风格，如图6-43所示。

图6-43

临高县有独特的红色文化和渔民文化，有解放海南岛时登陆的临高角，美食方面有海南著名的临高烤乳猪。城市形象宣传片主题是"聆听临高"，主角在用耳听，用心感受临高的历史、人文、地理等，仿佛一曲渔民快乐乐章，地域文化特点很突出。该宣传片部分画面如图6-44所示。

图6-44

（十三）定安——"静美定安　祥和家园"

定安县位于海南岛的中部偏东北，定安的地名，取自境地安定、黎庶安康之意。定安县历史悠久，不仅有绚丽奇特的自然景观，还有丰富多彩的人文景观。定安地灵人杰，民风淳朴，名伶辈出。明清两代进士12人，举人93人，在海南享有"一里三进士""父子进士""公孙举人"的美誉。

在定安的龙门镇，有一处火山冷泉，是迄今为止发现的中国最大的热带富硒火山冷泉。南丽湖湖水清澈，是海南著名的人工淡水湖之一。母瑞山位于定安县南部，被誉为"琼崖革命的摇篮"。定安古城是中国历史文化名镇，也是海南保存得较为完好的城池，有特色的古道风貌。定安文笔峰是海南岛人文景观的一个缩影，是道家文化圣地。

定安是琼剧之乡，是海南琼剧的重要发源地之一，定安深厚的文化底蕴以及本地文化人所作的贡献是定安琼剧不断发展的重要原因。

定安的旅游形象LOGO，以定安首写字母"D"为视觉设计元素，用飘逸的彩带将"D"艺术化地连接成清澈而又碧波荡漾的南丽湖、绿色的青山、古韵的仙沟和飘扬的红旗，充分体现出定安金色、绿色和红色文化的旅游特色和文化精髓，活力动感的构图，清新自然而又灵动的色彩，彰显出定安旅游的独特魅力，也体现了定安丰富的文化和热情好客。该LOGO构图简洁、内涵明确、创意新颖独特、形象生动，具有艺术感染力和视觉感染力，易于识别、应用和传播，如图6-45所示。

图6-45

定安是一座静谧的古城，安静祥和。在2019年中国（海南）国际热带农产品冬季交易会上，定安县的主题标语是"静美定安　祥和家园"，这个定位跟海南多数的市县的定位有所区别，在其他市县多数都是宣传旅游观光、游玩、购物天堂等的时候，定安县定位静美祥和，让人眼前一亮，仿佛是喧闹之中的一片世外桃源（图6-46）。

定安的城市形象宣传片结合这一定位，利用地域文化展现静美祥和的氛围，让人有身临其境般的感受。同时结合定安的道家文化、红色文化、历史名人积淀等，突出主题"人文定安　养生福地"。该宣传片部分画面如图6-47所示。

图6-46

图6-47

（十四）屯昌——"悠悠鹿鸣　福寿屯昌"

屯昌是海南中部六市县之一，位于琼北部平原和琼中部山区结合部，是全省唯一的丘陵地带，素有"海南中部门户"之称。据传，因明末清初中国东南沿海避慌逃难之民纷纷到此屯荒、垦殖，以图昌兴，故名"屯昌"。屯昌也是明朝忠臣海瑞的故乡，至今尚存海氏家族的四座祖墓。

屯昌在山林掩护之间，俨然一座天然的避暑胜地。屯昌有"最美仙山"之名的梦幻香山，有竹子苍翠挺拔的美鹤园竹林，有风景如画的西昌银岭，有人间仙境木色湖等。屯昌油画街艺术气息浓厚，是画家们眼中"散落在人间的天堂"。

屯昌南田村是琼崖革命斗争史上著名的"南田起义"旧址，是追溯红军历史印记的地方。屯昌县早在一百多年前，就形成了男女老少习武的习俗，一直延续至今。2015年，屯昌县被国家体育总局武术运动管理中心命名为"全国武术之乡"。总之，屯昌热带农业条件优越、资源多样，素有"水晶之乡""南药之乡""沉香之乡""橡胶之乡""黑猪产业之乡"及"林业大县"等美誉。

屯昌的城市形象LOGO简洁大方，区别于常见的山水笔刷风格的城市LOGO，色彩也是只用了蓝色，结合造型做了渐变处理，增加立体感，易于识别和记忆（图6-48）。

屯昌，是海南岛的中部明珠、绿色天堂。它山清水秀，鸟飞鹿鸣，有许多不为人知的好山、好水，屯昌有海南唯一的养鹿基地——枫木鹿场，还是海南的武术之乡和南药之乡。在2019年中国（海南）国际热带农产品冬季交易会上，屯昌的宣传标语是"悠悠鹿鸣 福寿屯昌"，利用了"鹿"的谐音"禄"，和"福""寿"一起塑造了吉祥幸福长寿的城市形象，有效地促进了城市形象的品牌化（图6-49）。

图6-48

图6-49

屯昌的宣传片中有一个版本，是通过摄影师、画家、瑜伽师、企业主管、新农人、民间书法家的感受，把屯昌的地域元素和文化，资源优势等展现出来，该宣传片部分画面如图6-50所示。

图6-50

（十五）陵水——"珍珠海岸　美丽陵水"

陵水黎族自治县位于海南岛的东南部，气候温和，雨量充沛。陵水县旅游资源丰富，其中最具优势的是热带海滨与热带森林，动物观赏与历史人文资源方面，还有温泉、岛屿、泻湖、珊瑚礁、瀑布等，是一座矿产、旅游和海洋资源尤为丰富的小城市。

陵水生活着疍家渔民，一栋栋红色屋顶的疍家渔排记载了疍家渔民漂泊海上的岁月，讲述着陵水疍家的文化。陵水的龙舟文化有广泛的民间基础，连续三年承办中华龙舟大赛总决赛的陵水吸引了五湖四海人们的目光。元宵游灯是陵水人民每年元宵佳节的传统习惯，这是陵水最热闹的民俗之一。陵水的黎族藤编工艺历史悠久，源远流长。每年阴历三月三也是陵水人民纪念先祖和怀念伟人的节日，除了龙舟竞渡还有篝火晚会等，是全县同庆的大聚会。

陵水拥有温暖的气候，四季如春、阳光明媚、依山傍水，没有大城市的快节奏，有着舒适、惬意的生活节奏。陵水拥有丰富的旅游资源，以"三湾三岛两湖一山一水"著称，其中最负盛名的是三湾，即香水湾、清水湾、土福湾，三岛即南湾猴岛、分界洲岛、椰子岛，由于这些优质的旅游资源如珍珠般连串在长达57.5公里的海岸线上，因此陵水被誉为"珍珠海岸"。

陵水城市形象LOGO为海浪的形象造型，结合椰子树、珍珠等形象元素，滨海风格明显，特色鲜明，陵水的城市形象宣传口号是"珍珠海岸　美丽陵水"（图6-51）。

2019年中国（海南）国际热带农产品冬季交易会上的陵水展位，其设计风格跟LOGO的造型统一，同时充分利用了陵水的特有地域元素，以蓝色为主要色调，从视觉和空间造型上就很好地体现出陵水的特色。加上"充分分享北纬18°的味道"这句宣传语，让人有更丰富的联想和多感官的感受（图6-52）。

图6-51

图6-52

陵水既是滨海度假胜地，又有黎族文化特色，陵水的宣传定位主要放在体现滨海优势上，宣传片合理运用了各种地域元素进行创意展现，通过一句"带你去看海，一片最美丽的海，美的你不能错过"作为切入点，从"境之美""人之美""味之美""慢之美"及"海之美"几个方面进行表现，主要展现的地域元素形象有吊罗山、南湾猴岛、疍家渔排、黎安港、黎家美食、椰田古寨、土福湾、分界洲岛等，最后一句"珍珠海岸　美丽陵水"突出主题，很好地体现了陵水的特点。该宣传片部分画面如图6-53所示。

图6-53

（十六）昌江——"山海黎乡　纯美昌江"

昌江黎族自治县位于海南岛西部，每年二月，木棉花盛开在昌江山水间，木棉花是昌江的一张响亮名片，因此昌江素有"中国木棉之乡"的美称。

昌江还有不少迷人的风景和古老的文化。棋子湾雪白的沙滩与天连成一片，有"万亩沙漠落海南"之美称。撒满彩色棋子的卵石滩，像翡翠、似玛瑙，精彩绝妙。海尾湿地公园是海南少有的保护较好的湿地，区域内的旅游资源丰富。皇帝洞鬼斧神工，颇负盛名。霸王岭国家森林公园山岭连绵、峰峦叠翠……其中，霸王岭的动物种类有三百余种，生活着黑冠长臂猿、云豹、黑熊等珍稀动物。

昌江全县居住着汉族、黎族、苗族等民族的人，其中黎族人口占总人口的三分之一。因此，昌江有黎锦纺织、黎族制陶技艺、黎族船形屋、黎族文身、黎族山歌等丰富的黎族传统文化与习俗。此外还有儋州戏、儋州山歌、渔民赛龙舟、昌城琼剧、军话山歌、村话山歌等多种地方特色文化风情。黎陶是民间文化历史的"活化石"，在昌江黎族自治县五勒岭洞穴遗址曾经采集出海南新石器时代早期的夹砂灰陶罐残片，见证了黎族悠久的制陶工艺，"黎族原始制陶技艺"也被列入了国家第一批非物质文化遗产保护项目。每逢阴历三月初三，昌江将会举办海南黎族苗族传统节日"三月三"，这是具有浓郁民族风情、地方特色鲜明的活动，传承并弘扬了少数民族的优秀传统文化。昌江美食同样令人垂涎。乌烈乳羊鲜美不膻，是昌江美食的一张名片；清蒸罗非鱼物美价廉，充满传统味道；红糯米竹筒饭香糯清甜，是真正的黎家风味……

昌江的城市品牌视觉形象LOGO是以木棉花为主体图形，结合海岸线的创意。木棉花能突出中国木棉之乡的特色，花本身也加强了纯美和吉祥的含义，颜色主要用了红色调，简洁大方。LOGO结合昌江的城市形象宣传口号"山海黎乡　纯美昌江"一起使用，利于昌江的形象传播和旅游宣传（图6-54）。在2019年中国（海南）国际热带农产品冬季交易会上，昌江的展位设计也重点运用了黎族元素符号，突出了城市LOGO，如图6-55所示。

在昌江的一则宣传短片《25度的昌江》中，展示的地域元素形象

图6-54

图6-55

有：霸王岭国家级森林公园、皇帝洞、十里画廊、棋子湾、海尾港、木棉花、黎族原始制陶技艺、黎族民间织锦、昌江玉、木棉观景台、百年芒果园、船形屋、三月三节。

　　另外一部宣传片的主题是"遇见昌江"，在昌江会处处遇见和邂逅美景、人文、美食、感动等，惊喜不断，通过展现特色文化元素，突出了纯美昌江的品牌定位。该宣传片部分画面如图6-56所示，其文案如下：

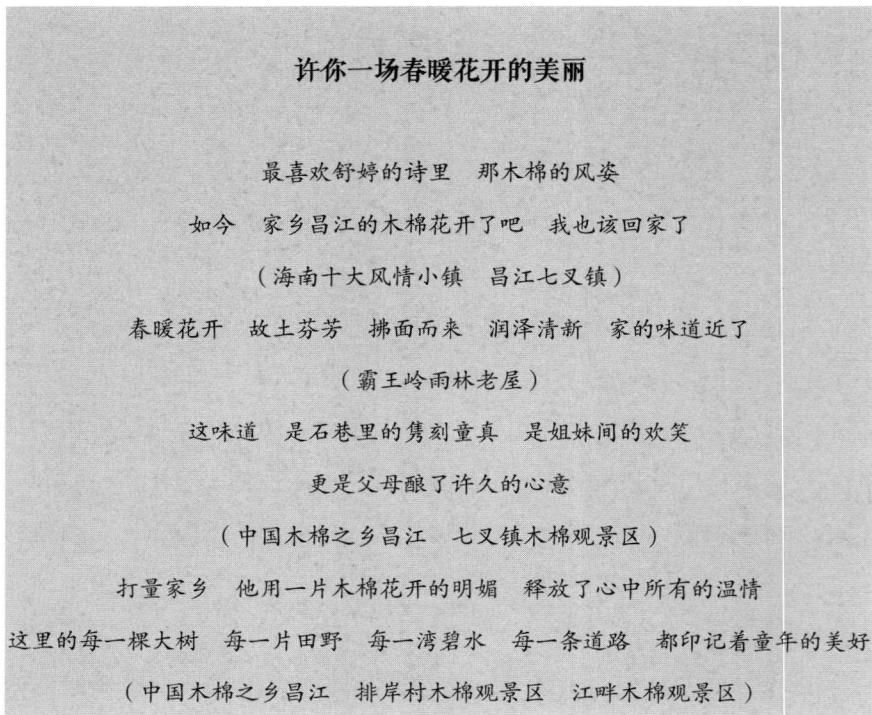

许你一场春暖花开的美丽

最喜欢舒婷的诗里　那木棉的风姿

如今　家乡昌江的木棉花开了吧　我也该回家了

（海南十大风情小镇　昌江七叉镇）

春暖花开　故土芬芳　拂面而来　润泽清新　家的味道近了

（霸王岭雨林老屋）

这味道　是石巷里的隽刻童真　是姐妹间的欢笑

更是父母酿了许久的心意

（中国木棉之乡昌江　七叉镇木棉观景区）

打量家乡　他用一片木棉花开的明媚　释放了心中所有的温情

这里的每一棵大树　每一片田野　每一湾碧水　每一条道路　都印记着童年的美好

（中国木棉之乡昌江　排岸村木棉观景区　江畔木棉观景区）

（国家级非物质文化遗产项目　羊拜亮　昌江黎族原始制陶代表性传承人）

（中国染色技艺活化石　昌江黎锦绗染）

（可容纳上万人　面积7800平方米　皇帝洞）

那美好的时光啊　编进了阿妈手中的丝线

（昌江王下乡洪水村）　融入了古朴的船型屋

流淌在青山碧水间　如一团永不熄的火　温暖心间

许你一次畅快淋漓的旅行

（霸王岭雅加瀑布）

我爱这里的粗犷　因为勇攀高峰　才能领略韵致的风景

（霸王岭原始热带雨林　黑冠长臂猿　比大熊猫还要珍稀的世界明星物种）

爱这里的野性　因为我们的长臂猿朋友　就只生活在这里

（海南十大最美海湾　昌江棋子湾）

爱这里的辽阔　因为澎湃的大海　总能洗涤我的心胸

爱这里的激情　因为温热的阳光　能激活身上的每一个细胞

爱这里　也就是爱自己吧　因为是家乡塑造了我

让我在这里　邂逅美好的时光　遇见更好的自己

许你一种健康闲适的生活

（昌江　中国芒果之乡）

是时候　让心灵归航了　走进瓜果飘香的季节

丰收的笑脸　甜蜜的滋味　让时光在此慢慢沉醉

从闹市的喧嚣脱身　置身于宁静小城

（泉城园林绿化先进单位）

看得见山　望得见水　让岁月　就这样不急不躁地流淌

鸟儿翩翩　溪游涓涓

（"野生鸟类天堂"栖息着69种鸟类）

徜徉在自然的旋律　避风　赏景　闻花香　让生活从此云淡风轻

（南尧河　十里画廊）

这就是家乡昌江

她是盈盈绿色里的花香果甜　她是黎族苗族歌舞中的情浓意重

她就在那里　只为遇见你

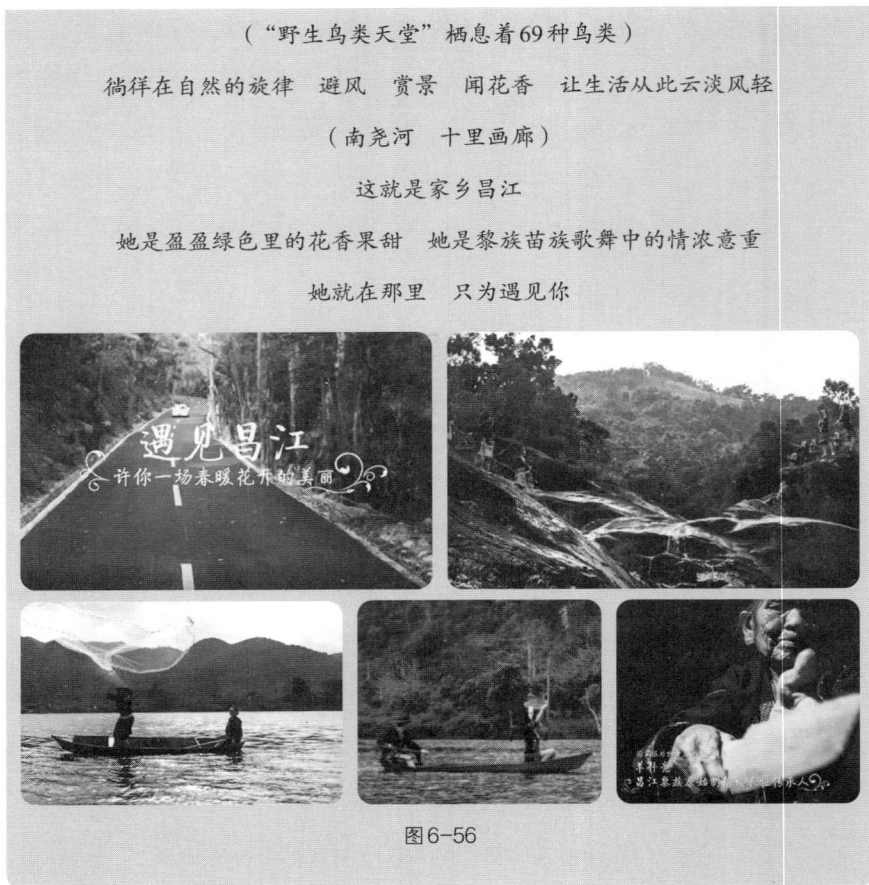

图6-56

（十七）保亭——"雨林温泉谧境　国际养生家园"

保亭黎族苗族自治县地处海南省南部内陆，山清水秀，风景秀丽。自古以来，黎族、苗族先民长期在这里开拓、繁衍，创造了五彩斑斓的历史文化，留下了绚丽多姿的文化遗产，享有"中国民间文化艺术之乡"的美誉。

保亭槟榔谷凝聚了黎族苗族民俗精髓，呀诺达热带雨林文化旅游区拥有着原始又和谐的生态美，七仙岭温泉国家森林公园是保亭著名的大型生态旅游区。

黎族人民在长期自然和社会生活的实践中，创造了丰富多彩的物质文化和精神文化。民间流传的口头文学，有民歌、故事、神话、寓言、谚语、谜语、舞蹈、音乐的艺术和织锦等。以民歌最具特色，种类有劳动歌、情歌、哀歌、生活自然等。保亭文化积淀深厚，其中"黎族钻木取火技艺""黎族织锦艺术""黎族树皮布制作技艺""黎族传统竹木器乐"等被列入国家级保护项目，"黎族民间故事""黎族藤竹编织技艺""黎族独木器具制作技艺"等被列入省级保护项目，"黎族纺染织绣技艺"2009年被列入联合国教科文组织"世界急需保护非物质文化遗产名录"。2008年保亭被国家文化部命名为"中国民间文化艺术之乡"。2011年被国务院台湾事务办公室授予"海峡两岸交流基地"。2016年被国家文化部授予"国家公共文化服务体系示范区"。

一年一度的海南七仙温泉嬉水节，跻身中国十大著名节庆品牌，入选"中国最具人气民间节会"。嬉水节是保亭黎族苗族自治县的黎族、苗族人民一年一度盛大的民间传统节庆，是由黎族、苗族民间祭水习俗发展起来的节庆活动。保亭嬉水节已经成为保亭最亮丽的一张名片，是挖掘、弘扬黎族、苗族文化的重要舞台，是保亭旅游资源和黎族、苗族文化的营销推介的载体。

保亭在之前的一些宣传上用过一个城市形象LOGO，是山水的形象，正负形结合，主体造型是保亭最为典型的七仙岭形象，上方还有印章造型的"海南"两字。主体色彩为绿色，体现绿色保亭，印章的红色起到对比和点缀的作用。保亭的拼音字用了黎锦图案的透叠，突出了保亭的黎族、苗族文化特色（图6-57）。

保亭，以黎族、苗族文化为骨肉，满含风情，犹如一颗绿色明珠闪耀在中国蓝色海岛的中部，这里可谓"温而不热，凉而不寒，爽而不燥，润而不潮"。在2019年中国（海南）国际热带农产品冬

图6-57

季交易会上，保亭的形象宣传标语是"雨林温泉谧境　国际养生家园"，也通过展厅造型和图片等传递出这一定位特点（图6-58）。

图6-58

保亭的宣传片《美在保亭》也是围绕"雨林温泉谧境　国际养生家园"的定位进行创意和表现，体现特有的地域元素，配合背景音乐，强调大美、安静、绿色的主题，增强了国际养生家园的品牌形象传播。里面出现的地域元素主要有，自然风貌类的如七仙岭国家级森林公园、热带季风雨林型喀斯特地貌仙安石林和仙龙溶洞、七仙湖、七仙门、热带雨林、野溪瀑布、千年活化石沙椤、国家三级保护植物见血封喉树等；特色文化旅游类的如雅诺哒热带雨林、祈福牌、田园风光、尖岭云雾茶园、甘什岭槟榔谷原生态黎族苗族文化旅游区、蛮尤苗寨等；非遗等地域文化类的如国家级非物质文化遗产黎族竹木器乐、黎族钻木取火、黎族纺染织绣、黎族树皮布，还有苗族蜡染、黎族服饰、苗族招龙舞、黎族酿酒工艺、黎族竹木器乐八音合奏、南药等；主题文化建设类的如黎族祭水仪式戏水狂欢、民俗风情一条街、旺蛙雕塑、琼台两岸少数民族文化交流中心、黎族苗族农家乐、黎族美食、缘真岛湖心明珠、保亭黎族苗族自治县城市候机楼、大区小镇什进村、高尔夫休闲公园、温泉养生休闲等，该宣传片部分画面如图6-59所示。

臻于化境　地设佳泉
仙境保亭欢迎您

图6-59

（十八）琼中——"醉美琼中　绿色崛起"

琼中黎族苗族自治县是海南的民族自治县之一，地理位置独特，地处海南岛中部，五指山北麓，周边与琼海、万宁、白沙99儋州、陵水、保亭、五指山、屯昌、澄迈九个市县毗邻，是海南岛公路南北和东西走向的交通枢纽。琼中位于热带海洋季风区北缘，雨水充沛，气候温和，四周群山环抱，有独特的山区气候特点。琼中又称"海南之心"，是位于海南生态核心区的小县城。在琼中行走，一路上是不间断的郁郁葱葱的莽林，仿佛"绿野仙踪"般美妙。看黎族苗族歌舞、吃黎族苗族农家饭、赏黎锦苗绣、逛黎族苗族村寨等，在琼中能同时领略大自然的优美环境以及海南璀璨的黎族、苗族文化。五指山下、万泉河畔的琼中享有"绿橙之乡"的美誉。琼中林产资源丰富，是全省森林树木蕴藏量最大的县份之一。琼中"三月三"每年阴历三月初三举行，是黎族、苗族人民最盛大的民间传统节日。

琼中几年前开发和使用旅游吉祥物，琼中的旅游吉祥物叫"奔格内"，"奔格内"是黎语，意思是"来这里"，其名称、形象及字体的设计都源于琼中特色的黎族、苗族文化，这是一个很独特的IP，有助于琼中的旅游宣传，增强了琼中城市形象品牌的塑造和传播。琼中目前没有推出新的城市LOGO，在多数宣传中都是用"奔格内"的形象（图6-60、图6-61）。这几年，琼中把县城的主要街道两边的建筑，根据外观特点刷上彩色，其色彩源于黎族、苗族五色饭的颜色，同时有些建筑还加上黎族黎锦的装饰图案元素点缀。这样不仅让县城更美，而且地域特色非常突出，通过直观的视觉传递地域文化，达到很好的宣传效果，也增加了本地人们的价值认同感，在某种程度上也有利于当地社会经济的发展（图6-62）。

图6-60

图6-61

图6-62

山水琼中，黎族、苗族之乡，琼中自有其独特的魅力。在2019年中国（海南）国际热带农产品冬季交易会上，琼中的宣传标语是"醉美琼中 绿色崛起"，展位的造型和颜色都很好地体现了琼中的特色，吉祥物"奔格内"也是其中的一个重要元素，如图6-63所示。

琼中地区绿色植被面积很大，自然风光优美，负氧离子丰富，让人自醉。琼中的旅游宣传片重点突出展示了琼中的地域元素和

图6-63

旅游资源等，很好地展现了琼中的地域文化优势，增加其旅游吸引力。该宣传片部分画面如图6-64所示。

图6-64

此外，琼中还有一个版本的城市形象宣传片《遇见琼中 久久不见久久见》，由《久久不见久久见》这首歌黎族歌曲引入，展示琼中的独特黎族、苗族文化特色，构建并传播琼中形象，画面精美，特色鲜明。该宣传片部分画面如图6-65所示，其文案具体如下：

> 在中国南部的宝岛 在海南省的腹地 有一个山川秀美
>
> 风情独特的少数民族聚居地 琼中黎族苗族自治县
>
> 2018年4月10日 博鳌亚洲论坛年会开幕式上 海南黎族民歌的歌词

"久久不见久久见，久久见过还想见" 热情传遍五洲四海

其实《久久不见久久见》这首黎族经典民歌

最早是从琼中县这个"黎族民歌之乡"传唱出去的

歌曲生动表现了海南中部黎族苗族同胞与远方朋友好久不见

再次聚首时温馨场景

在漫长的历史长河中 琼中作为海岛文化的发源地

始终歌声不辍 舞步蹁跹

琼中黎族民歌等文化瑰宝也被列为国家级非物质文化遗产

在中央电视台《乡土》节目组拍摄的《老蓝家的喜事》中

我们仍可看到隔河对歌 穿骨问亲 折箭为誓

同吃蕉心 纺织黎锦 采摘槟榔

酿造米酒 制作鱼茶等黎族苗族民俗风情

在这片多情的土地上历久弥新

代代流传 向世界展现琼中人民的自信和盛情

山兰稻是黎族先民种植上千年的山地旱稻

由之酿成的山兰米酒是黎族人民珍爱的琼浆玉液

往往只有在重要节日或贵客到来时才能开怀畅饮

农历三月三 就是高歌畅饮的重要节日

每年这时 黎族人民身着节日盛装

挑着山兰米酒 带上竹筒香饭

从四面八方汇集一起 或祭拜始祖

或对歌跳舞 青年男女更借节狂欢

互诉衷情 直到东方欲晓

经过多年发展 琼中"三月三"节日内容更加丰富

民族歌舞 篝火晚会

啤酒音乐 花灯展览 传统体育 经贸活动等应有尽有

成为集中展现民族风情 扩大经贸合作的重要窗口

每年都吸引大批中外游客共享节日盛况

狂欢的另一面　是琼中人民秉性中的坚韧

这群大山深处的女孩　总在泥地上　烈日下　暴雨中疾速奔跑

十年磨一剑　琼中女足从2015年初试锋芒

连续三年夺得有"小世界杯"之称的

"哥德堡杯"世界青少年足球锦标赛冠军

海南为之沸腾　全国为之振奋

琼中位于热带海洋季风区北缘

森林覆盖率高达84%　人称"海南之心"

是海南母亲河南渡江　昌化江和万泉河的发源地

天地造化让这里的山川宛若桃园　村寨闲逸自在

每年10月　是国家地理标志保护产品——琼中绿橙的采摘季

鸭坡村的游客多了起来　采摘绿橙　吃农家饭　住候鸟屋

在"海归"大学生回乡开办的吗哪书房里阅书品茶　闲听一坡蛙声

醉卧十里稻香　叫人如何不向往

什寒村居于海拔800米的高山盆地　这里森林茂密

川流映带　村寨在云雾中若隐若现

人称"天上什寒"　琼中县通过建设景观景点

文化广场　游客咨询中心等基础设施

最大限度保留村庄原有的田园风光和黎族苗族文化

让500多名黎族苗族同胞在家门吃上"旅游饭"

一举成为"中国最美乡村"

"奔格内"是黎语　意思是"来这里"

现在已成琼中打造乡村旅游发出热情邀请的代名词

全县10条乡村旅游线路像珍珠链一样串起美丽村寨

与黎母山　百花岭　云湖

白沙起义纪念园等重点景区一起形成全域旅游新格局

中外游客恰在这黎乡山水间深感一步一景观　一醉一陶然

琼中欢迎您　一起奔格内

图6-65

（十九）白沙——"山水白沙 养生天堂"

白沙黎族自治县位于海南岛中西部，坐落在南渡江上游，鹦哥岭是白沙黎族自治县的最高峰，原始森林景观与珍稀动植物资源独具特色，岩壁奇松怪石，云海险峰美不胜收。2017年3月，白沙入围"2017百佳深呼吸小城"名单。白沙在海南属于内陆市县，是热带季风性气候，日照的时间长，光热充足，具有明显的热带山区气候特征。

白沙独有一项令人惊奇的民间技艺——骨雕。骨雕见证了黎族从原始走向现代的过程，极具艺术价值和文化价值，黎族骨雕技艺被列入海南省非物质文化遗产名录。除骨雕外，白沙黎锦、双面绣技艺也是白沙的非物质文化遗产，白沙黎族的传统纺染织绣技艺也是中国纺织史上的活化石。白沙陨石坑也是白沙独一无二的标志，这是我国发现的第一个陨石坑。因其土壤的特殊性已被大面积利用，种植绿茶、红心橙、橡胶等作物。"白沙绿茶"可以称为"中国早春第一茶",产自白沙陨石坑境内,独特的土壤条件造就了白沙绿茶的不可复制性。

白沙的城市旅游推广吉祥物"白白""莎莎"是一对萌萌的卡通人物,来源于黎族阿哥阿妹的人物形象,名字取自白沙的谐音,其民族特色鲜明、形象可爱、平易近人,是独特的IP,能有助于白沙城市形象的构建和传播(图6-66)。2019年中国(海南)国际热带农产品冬季交易会上,白沙的展位设计无论是造型、空间还是色彩都结合了"山水白沙"的概念,让人印象深刻(图6-67、图6-68)。

图6-66

图6-67

图6-68

白沙在前几年还发布了全国首个全域农业公共标识使用地方标准,推出统一的标识,结合吉祥物进行推广。"风烟俱净,天山共色",这是白沙生态环境最好的写照,正是得益于白沙优越的生态禀赋和独特的品牌发展,使白沙这个偏僻小城的农产品能以崭新的形象走出大山,迎接广阔的市场,如图6-69、图6-70所示。

美丽白沙,是水的源头、云的故乡、山的世界、林的海洋。白沙的地域特点是地处山区,负氧离子丰富,大面积热带雨林,适合养生,也是黎族特色文化地区。白沙的形象宣传标语是"山水白沙 养生天堂",

图6-69

图6-70

该定位很好地突出了白沙的优势和特色。在白沙黎族自治县成立30周年宣传片里，主要沿着白沙成立发展的主线，结合白沙地域文化特色，展现了山水白沙的魅力，宣传片部分画面如图6-71所示。

图6-71

第七章

城市品牌视觉形象设计的

发展趋势及展望

第一节　城市品牌视觉形象设计的发展趋势

城市品牌视觉形象赋予了城市更多的活力，它增进了人与城市间的交流和互动，促进城市文化的传播，提升城市文化软实力。当前越来越多的城市在发展过程中意识到了城市品牌建设的重要性，更加注重城市品牌视觉形象的设计与推广。随着社会的发展、科技的进步、媒体的更迭、审美的提高、运用的多样等，城市品牌视觉形象设计的内容、风格、形式等也不断发生改变。其发展趋势主要体现在以下三个方面，即创意的简洁化、应用的广泛化和形式的多元化。

一、创意趋于简洁

德国著名建筑大师密斯·凡·德·罗（Ludwig Mies Van der Rohe）就任包豪斯校长时，提出了少即是多（Less is more）的设计主张，此后对设计产生了深远的影响。这里的"少"并不意味着空白，而是指精简，"多"不是指代繁杂，而是完美，这种去除繁缛装饰而强调功能性的设计风格，从包豪斯时期影响至今。城市品牌视觉形象设计是城市文化及信息的传播，世界的发展进入信息时代后，信息的简洁高效传播越来越重要，因此城市品牌视觉形象的设计风格也遵循着简洁、易懂的趋势发展。当下快节奏的生活方式使人们很难长时间去关注和解读某个视觉形象的内涵，相比于繁杂的视觉形象设计，简洁、通俗易懂的视觉符号更能得到大众的青睐，也符合时代的审美，便于识别和记忆城市形象的特色。

二、应用趋于丰富

随着全球科技的进步、技术的优化，特别是新媒体自媒体的普及，媒介平台呈现出百花齐放的状态，新的服务及产品不断被开发，因此无论是形式还是渠道，城市品牌视觉形象的应用和传播变得越来越丰富。城市品牌视觉形象的设计不仅是最基本的设计部分，还要规划如何有效地通过各种应用呈现在大众面前，为大众所接受，城市信息和文化才能得到更广泛的传播。所以，在创意简洁使受众通俗易懂的同时，应用广泛化系统化已是大势所趋。

三、形式趋于多元

发展是动态的，是多元化、多维度的，设计的发展也是如此。城市品牌视觉形象设计融入城市的方方面面，随着各种艺术间交流的增加，其开阔性和广泛性使人们的视野更加开阔、思维更加活跃，同时也更渴望内心真实情感的表达，因此多元化的设计也得到一定的繁荣。当文化传播的承载媒介不同时，其传播形式也会随之改变，城市品牌视觉形象设计的简易化，媒介载体应用的广泛化，必然会导致传播形式的综合化、多元化发展。

第二节　城市品牌视觉形象设计的未来展望

世界城市品牌之父西蒙·安浩（Simon Anholt）调查发现：人们的记忆，只能记住三个城市。当今城市的发展面临激烈的竞争，优质品牌形象的树立有利于城市的发展，因此，如何让一座城市的品牌视觉形象在竞争环境中脱颖而出，将会越来越受到重视。

优秀的城市品牌视觉形象被称为"视觉新符号，城市活品牌"，它不仅能为城市带来新的生机，还凝练了城市精神内涵及未来向往，提高城市的活力。城市的魅力在于其活力，城市活力为其长远发展注入新的能量和生机。只有有效运用城市品牌视觉形象，提高品牌质量，才能让城市长盛不衰、永葆活力、蓬勃发展。

城市品牌系统的创意视觉形象不但能改变生活环境，还能提升人们的生活质量，它不仅能改善人们的生活方式，同样也能推动城市文化的进程，让城市更具魅力和定向引力。城市品牌系统的创意视觉形象通过不同的形式，潜移默化地将城市特有的地域文化内涵传播给受众，用现代设计的手段促进人民身心健康、保持生态平衡、刺激经济发展、推动了城市文化产业，进而也加强了城市品牌传播的影响力。

随着工业文明到生态文明的转变，人类不断去思考其生存居住的环境面临的"保护与发展"的问题，越来越多的人更加关注生态主义。在这个庞大的生态系统中，城市也是其中一部分，每个城市都有责任和义务保护人文环境和生态环境，节约生态资源。城市品牌视觉形象也可以是低碳、绿色、环保的，这样的生态视觉形象不仅能促进人与自然的和谐相处，同时还能增加城市魅力、提升城市品位。

当代城市在发展进程中面对的挑战将越来越多，在这样的环境下，城市管理者除了推进经济产业领域发展外，还要积极将品牌形象设计导入整个城市发展中，追求改变与创新。人们将用品牌视觉形象的感染力和凝聚力克服城市在生态永续、生命健康、智慧生活、都市再生上面临的所有挑战和困难。

参考文献

[1] 贺艳.媒介表征与城市形象的构建：以重庆为例[M].北京：中国传媒大学出版社，2016.

[2] 德波拉·史蒂文森.城市与城市文化[M].李东航，译.北京：北京大学出版社，2015.

[3] 王玉玮.传媒与城市形象传播[M].广州：暨南大学出版社，2013.

[4] 赵毅衡.符号学丛书：符号学[M].南京：南京大学出版社，2012.

[5] 王受之.世界现代设计史[M].北京：中国青年出版社，2002.

[6] 朱良志.中国美学十五讲[M].北京：北京大学出版社，2006.

[7] 钱智.城市形象设计[M].合肥：安徽教育出版社，2002.

[8] 孙芳.品牌形象设计手册[M].北京：清华大学出版社，2016.

[9] 维森工作室.汉字设计与应用[M].宋厚鹏，译.武汉：华中科技大学出版社，2016.

[10] 任立民.商业宣传片私作品（文案创意策划）[M].武汉：华中科技大学出版社，2015.

[11] 马东跃，何伟，张明.文化符号与城市旅游品牌管理研究[M].北京：中国环境出版社，2015.

[12] 马瑞华.城市品牌与城市竞争力机制研究[M].北京：经济科学出版社，2018.

241

[13] 董晓峰.城市品牌视觉形象研究的兴起[J].兰州城市品牌视觉形象与城建法制研究，1999（3）：5-8.

[14] 徐根兴.论城市公关与城市品牌视觉形象[J].兰州大学学报（社会版），1995（2）：18-20.

[15] 宋阳阳.基于地域文化差异性的城市视觉形象品牌化探讨[D].杭州：浙江工业大学，2011.

[16] 郝亚丽.地域文化艺术符号融入城市品牌构建研究[J].商丘师范学院学报，2015：15-16.

[17] 谢顺舒.城市品牌视觉形象传播研究[D].重庆：重庆大学，2013.